さりげないのに品がある

気くばり美人のきほん

マナーコンサルタント
西出ひろ子

かんき出版

はじめに

今よりも素敵に
今よりも輝きたい
今よりも幸せになりたい

そんな貴女にワンランク上の真心マナーをお伝えしたら

今よりももっと素敵になる
今よりももっと輝く
今よりももっと幸せになる

そんな貴女にアップデートされます。

誰にでも悩みやコンプレックスはあるでしょう。

私も物心ついた頃から、自分の容姿や舌ったらずで早口など、多くのコンプレックスを持ち、そのうえ、家族のことや仕事、恋愛などの悩みがつきない10代、20代、30代、40代を過ごしました。そして50代の今は、それらの悩みから解放され、日々、幸せを感じながら生きています。

年齢を重ねるごとに幸せをより感じられるようになったのは、完璧でなくてもいいから、自分のことよりもほんの少しだけ「相手」を想う気持ち、心を持とうと思えるようになったから。そこから、私の人生はどんどん好転していきました。

「相手のことを心に想う」

これは目には見えないことではありますが、目に見えないこと、耳から聞こえないこと、そういう内面に秘めたものを私は大切に思います。

表に出さない、見えない想いだからこそ、それを人は「さりげない」と感じます。

そして「品性」というものはカタチではなく、目には見えない心から成るもの。

「気遣い」は、気をつかうことですから、どこかに無理が生じて、疲れやストレスをともなうことがありますが、「気くばり」は、自身の気持ちを自ら相手にくばることですから、そこに無理やストレスはともないません。だからこそ、人はそれを「美しい」と感じるわけです。

本書は、私が日々おこなっている「相手の立場にたって、相手様にとってプラスになるであろうことを考えたり、イメージしたりすること」を、さまざまなシーン別に真心マナー®としてお伝えいたしております。

マナーとは、相手の立場にたつ、相手様をハッピーにし、そして、自身もハッピーになるというお互いの幸せのためにあります。

ですから、マナーはルールでも規則でもない。ましてや、自分を素敵に見せるためのものでもありません。自身のことを素敵かどうか、決めるのは「相手」。だから、相手目線の言動は大事なのですね。

私は互いのハッピーを生むマナーの専門家として、「相手」のことを「愛手」、すなわち、愛をもって接することを第一にいたしております。

本書が貴女のお役にたてますことを心より願いつつ、一緒に読み進めてまいりましょう。

CONTENTS

第2章 訪問、招待時のふるまい

CONTENTS

CONTENTS

第5章 お便り、SNSコミュニケーションの心得

ブックデザイン　荻原佐織（PASSAGE）
イラスト　加藤大
DTP　ニッタプリントサービス

第1章

日常のしぐさ

基本の立ち姿

最低限おさえておきたいふるまい

両足のかかととかかとをつけて、つま先を30度開き、背筋を伸ばして立つ。

ワンランク上の気くばり美人のふるまい

つま先もかかともつけて、大腿骨を内側にしめ、頭から腰をまっすぐに立つ。

＊両手の指先もそろえましょう。

両足のかかととかかとをつけてスッと背筋を伸ばして立つというのは、できている人も多いでしょう。

ただ、女性らしさを感じさせるには、つま先を閉じることがポイントです。

たしかに、つま先を開いているほうが、立っているときの安定感は出ます。つま先を閉じていると、安定感をとりにくく、特にヒールを履いているとふらつくかもしれません。

しかし、そこにあえてチャレンジすることで、脚の筋肉強化にもなり、女性性の意識アップにつながります。常につま先をつけて、大腿骨を内側に寄せる（お尻の穴をしめる）ことを意識し実践すると、美しく立てるようになります。

また、ふつう、男性はつま先を開いて立ちます。ですからその逆で、女性は閉じているほうが、女性らしさを表現できますね。

つま先をつけるとO脚になるので、そうならないように大腿骨をしめ、ふくらはぎも内側に寄せる感覚で立つと、足がまっすぐに見えて美脚になります。

まとめ

つま先・かかと・指先の三点セットは美しくそろえる

立って待っているとき

最低限おさえておきたいふるまい

身だしなみと姿勢を正し、両足をきちんとつけて待つ。

ワンランク上の気くばり美人のふるまい

バッグの中の携帯電話やスマホに意識を向け、微笑みの表情で凛と立って待つ。

＊相手から遅れるなどの連絡が入るかもしれないので、携帯電話やスマホの連絡を見逃さないように。待っている最中に、ゲームや他の人とのチャットなどはしません。

待ち合わせをしているときは、その相手と会えるかどうか、待ち合わせ場所はここでよかったのかな、などと不安になりますね。でも、その不安な気持ちを顔に表して待っていると、それを遠くから相手が見ていたら……。「待たせて悪いな」とか「今日会えるのに、嬉しそうじゃないな」などあらぬ誤解をされて、マイナスな気持ちで対面することになるかもしれません。

また、知らぬ間に職場の人や知人があなたの様子を偶然見ていることも、実際にある話です。自宅から一歩外に出たら、いつどこで、誰が見ているかわかりませんから、常に平常心の微笑みをキープして待ちましょう。

待っているときは、立っている貴女が目印となるよう、落ち着いた態度と美しい姿勢で相手を引き寄せましょう。立ち姿は、つま先とかかとを綺麗にそろえて、指先もそろえ、バッグのハンドルを両手で前に持っているとエレガント。日本の女性はビジネスシーンでもバッグを肩にかける傾向がありますが、欧米の女性はショルダー型はあまり持ちません。

まとめ

待ち人に気持ちを集中させて、相手を引き寄せる

歩くとき

最低限おさえておきたいふるまい

背筋を伸ばし、前かがみにならないように、かかとから着地して歩く。

ワンランク上の気くばり美人のふるまい

ヒールの高さに応じて、「かかとから着地」と「つま先とかかとを同時に着地」を使い分ける。

イギリスでは、発音と歩き方でその人の育ちがわかると言われているほど、美しい人の条件として、歩き方が重視されています。

一般的に、モデルでもない限り、歩き方のレッスンを受ける機会は少ないように思います。しかし、歩き方も、TPPPO®（Time 時・Place 場所・Person 人・Position 立場・Occasion 場合）に応じて変えるのが、美しい大人の女性の条件のひとつです。

多くの人は、足を前に出すことだけに気をくばりますが、ポイントは腰にあります。片方の足を前に出して、着地する足の上に腰と上半身を乗せることを意識します。足だけを前に出すのではなく、腰と上半身も足と一緒に前進させていくことがコツです。そうすると自然と胸がはり、背筋も伸びるはず。

着地の仕方は、スニーカーや3センチくらいのローヒールの場合は、かかとから。7センチ以上のハイヒールの場合は、つま先とかかとを同時に着地させます。また、女性は足を移動させるときに、膝と膝をすり合わせるように動かすとエレガントに見えます。

まとめ

美しい女性は、ヒールの高さに応じて歩き方を変える

知らない人と目が合ったとき

最低限おさえておきたいふるまい

目が合ったら、ニッコリと微笑む。

ワンランク上の気くばり美人のふるまい

ニッコリと微笑んだあとに、目を伏せて首を5度前傾させる軽い会釈をする。

知っている人でも知らない人でも、目が合うとどうすればいいのかがわからずに、戸惑い、一瞬、顔がフリーズしますよね。そのときの自分の表情を想像してみてください。無表情で、ちょっと怖い顔になっていませんか？

ただ恥ずかしかったり、どうすればいいのか困惑したりしているだけなのに、相手からすると「にらまれた」「無視された」などマイナスな感情になっていることもなきにしもあらず。

そこで、目が合ったら「先手必笑®」です。自分から先手で微笑みというプレゼントを相手に贈ると必勝します。必勝とは、ウィンウィン、ハッピーハッピーの関係になること。貴女が先に微笑んでくれることで、相手は喜び、幸せな気分になります。

そして相手は貴女へ好感をいだき、貴女は高く評価される女性になるのです。ここに互いのハッピーが生まれます。

一方、「先手必怒」はいかがでしょうか。「怒」というマイナスな感情を持っていると、幸せの女神は貴女に微笑んではくれません。

まとめ

先手必笑®でお互いハッピーになれる

挨拶をするとき

最低限おさえておきたいふるまい

一般的な挨拶言葉を発し、お辞儀をする（先言後礼《せんげんごれい》）。

ワンランク上の気くばり美人のふるまい

お辞儀のあとに必ず、

相手ファーストのひと言を付け加える。

○「こんにちは。その後、お加減はいかがですか」（相手ファースト）
×「こんにちは。私、さっきね……」（自分ファースト）

「挨拶」の意味をご存じでしょうか。

挨拶とは、「心を挨《ひら》いて、相手にお近づきをし、よい関係《コミュニケーション》を築いていくこと」。まずは自分から心をひらいて先手で挨拶をすることで、知人や職場の人たちとは一層関係が深まります。

また、初対面の人にも、貴女から心をひらいて挨拶をおこなうと、相手も挨拶をしやすくなり嬉しく思うことでしょう。

しかし、たとえば、パーティー会場などでは、お誘いくださった方や紹介者などがいる場合は、その方からのご紹介がなければ、自分から名刺交換などの挨拶はしないのがマナーでもあります。時と場合、相手などに応じた挨拶力は大事です。

一般的な挨拶を交わしたあとは、相手への気遣いや気くばりのひと言を添えるとワンランク上の素敵な女性の風格を感じさせます。気くばりのできる人は、心の余裕を感じさせるから素敵なのです。

まとめ

挨拶のあとには、甘いデザートのひと言を

お辞儀をするとき

最低限おさえておきたいふるまい

会釈、敬礼、最敬礼などの角度を意識しながら、頭頂から腰までをまっすぐに前傾させる。

ワンランク上の気くばり美人のふるまい

角度よりも、そのときの状況に合わせた気持ちを優先させて前傾する。

＊前傾させるときは素早く。ひと呼吸おいたあとに、ゆっくりめに上体を起こしてくると美しい動きになります。

お辞儀には、立礼と座礼があります。ここでは、立礼についてご紹介します。

立礼には、「目礼（0度）」「会釈（15度）」「敬礼（30度）」「最敬礼（45～60度）」「拝礼（90度）」の種類があり、それぞれに前傾させる角度が示されています。大人の女性としてこれらの知識を習得しておくのは大切なこと。それをマスターしたら、角度にとらわれることなく、そのときの状況に応じて、貴女の「気持ち」を「お辞儀」という型で自然に表現できたら素敵ですね。

ひとつ前の項でお伝えしたとおり、挨拶言葉を発したあとに、お辞儀という動作をします。もちろん、状況によっては、お辞儀だけの場合もあるでしょう。

前傾させたときの両手は、前で重ねます。手の甲は、女性の場合は、右左、どちらを上にしても構いません。右を上にすると「女手」、左を上にすると「男手」といわれています。

前傾している時間は、通常は2秒数えてから上体を戻しますが、より気持ちを伝えるのであれば、感謝やお詫びの気持ち分の時間をおいたあと、上体を戻します。

まとめ

上体は、角度にとらわれずに気持ち分、前傾させる

椅子に座るとき・立つとき

最低限おさえておきたいふるまい

左から椅子の前に立ち、頭頂から腰をまっすぐにして、腰から座る。立つときも同様の姿勢で、左から出る。

ワンランク上の気くばり美人のふるまい

「右から失礼いたします」などのひと言を添えて、左からの出入りに執着せず、臨機応変にふるまう。

椅子はもともと西洋からきた文化です。椅子の出入りは左からといわれているのは、戦の絶えない時代、自分の身を守るために、剣を左腰にさしていたため、椅子の右から座ろうとすると剣が邪魔になりスムーズに座ることができません。そこで、左から入ればスムーズに座れるというところから、このようなスタイルになりました。

また、晩餐会などの横長のテーブルでは、男女が交互に座ります。このとき、男性は自分の右隣の女性をエスコートするのがエチケット。左側からの出入りは、右にいるエスコートする女性よりも遠い側から出入りするという配慮にもつながりますね。

このように、フォーマルな場所ではそのルールに則るのがマナーですが、日常生活の中では、教科書通りのシーンばかりではありませんよね。品のある女性は、常に周囲の人たちを最優先に考え、その場をスムーズに、心地よい空間にする立ち居ふるまいをします。「右から失礼いたします」などのひと言があれば、相手がマナーをご存じの方であれば、「この人はあえてこのような行動をしているのだな」とわかっていただけるでしょう。

まとめ

基本は左から座るが、とらわれすぎないでOK

車を乗り降りするとき

最低限おさえておきたいふるまい

腰をシートに下ろしたあとに、両足をそろえて乗る。
降りるときは、両足をそろえて同時に着地させる。

ワンランク上の気くばり美人のふるまい

前述の乗車下車の仕方をしたうえで、
乗る前と乗ったあと、
降りる前と降りたあとに挨拶をする。

車の乗降の仕方も、その車のボディタイプに応じて変わってきます。一般的なセダンであれば、右ページのとおりとなりますが、ミニバンをベースとして開発されたジャパンタクシー（ミニバンよりも小ぶり）などは、セダンよりも床が高いです。一方、ワンボックス型のバリアフリー車よりも、床の高さは低いため、乗りやすいと言えます。

このように、セダンよりも床が高い車に見た目をエレガントに乗降するのは難しいですよね。こういうときに見た目の所作の美しさよりも大切なことが、マナーコミュニケーション®、略して「マナコミ®」です。乗るときには「失礼します」とか「お願いいたします」。降りるときには「ありがとうございました」とお礼を言えるかどうかで、その人の真の美しさ度がわかります。

このときに、言葉だけでは美しくありません。気持ちを添えた言葉を発し、表情もニッコリ、プリンセスのような微笑みでお願いしますね。

ちなみに、美しく乗降するときのポイントは、可能な限り、頭頂から腰を一直線にキープすることです。

まとめ

見た目の美しさと同時に「感謝の言葉」を添える

写真に写るとき

最低限おさえておきたいふるまい

カメラに向かって、口角をあげて笑顔をつくる。

ワンランク上の気くばり美人のふるまい

あくまで周囲の人を主役にし、
目を微笑ませる。

写真に写るときは、誰もが可愛く綺麗に写りたいものです。しかし、写真に写るときにも、周囲に配慮できるのが品のある気くばり美人。まず、写真を撮ってくれる人に「お願いします」と挨拶をすることで、貴女の表情は内面から美しくなります。

周囲に仲間がいれば、「一緒に写ろうよ」とか、パーティーなどで初対面の人であれば「ご一緒にいかがですか?」と声をかけることのできる人も素敵ですよね。

もし、一人で写っている写真が必要なときには、周囲の人に「ちょっと待ってて。ごめんね」とか、写真スポットで待っている人がいれば「お先に失礼します」などのひと言も、愛される大人の女性が身につけている気くばりです。

集合写真に写るときには、背の低い人は前列中央に、高い人は後列の端に立つようにすると、全体のバランスが美しい写真に仕上がります。

椅子に座っているときは、両足のつま先もかかともつけて、脚を床に対して90度の垂直に綺麗に伸ばします。心を微笑ませると自然な笑顔になりますよ。

まとめ

周囲への気くばり力で、自然と口角アップの笑顔になる

エレベーターに乗るとき

最低限おさえておきたいふるまい

中に誰もいなければ、自分が先に入る。
すでに誰かがいれば、同行者を優先させる。

ワンランク上の気くばり美人のふるまい

自分が先に入るときは「お先に失礼します」と言って会釈をして入る。他の人を優先させるときは笑顔で「どうぞ」と言う。

エレベーターは人や物を上下階に運んでくれる乗り物。ですから、安全確認が第一です。そこで、中に誰も乗っていないときには、自分が先に入って安全確認をし、すでに他の人が乗っているときには安全とし、同行者を優先させ乗り込むことがエレベーターの基本マナーとされています。

一方、同行者が貴女に対して「どうぞ」と先に乗り込ませてくれるときもありますね。そういうときには、遠慮することなく、「恐れ入ります」「ありがとうございます」と答え、会釈をして乗り込みます。

また、中の操作盤の「開」ボタンを押してくれている人にも「ありがとうございます」とお礼を伝え、会釈をしながら乗ってくださいね。

レディファーストの考え方の男性であれば、たとえ仕事でのお客様であっても遠慮は禁物です。「お先に」と勧められたら、その厚意を素直に受け入れ、その場をスムーズにするのが本当の気くばり。感謝の気持ちを言葉と行動で表現するのが大人の女性です。

まとめ

安全確認と相手優先で、お礼と会釈をする

エレベーターの中で

最低限おさえておきたいふるまい

会話をしない。

ワンランク上の気くばり美人のふるまい

自分たち以外の人がいるときには
会話はしないが、自分たちだけのときは、
小さな声で会話をする。

エレベーターでの移動中に、「何を話せばいいのかわかりません」とよく相談を受けます。答えは、「話さないのがマナー」。基本的に、エレベーター内では会話はしません。

エレベーターは狭い空間の密室で、不特定多数の知らない人たちと乗り合わせます。会話の内容は、その場にいる人たちに聞こえてしまいますね。エレベーターの中で、友人やお稽古先での人間関係、家族に対する不満や、仕事の愚痴、部署内の人の悪口などを言っている人、ときには、子どもや部下を叱責している人も見かけますが、エレベーターには誰が乗っているかわかりません。会話をすること自体、貴女の品位が問われることになりますし、内容によっては情報漏洩などにもなりかねません。

一方、身内だけで乗っている場合には、その時間も有効に「エレベータートーク」を生かしましょう。ただし、会話は扉が開く前には終わらせるのがお約束。他の人が乗り込んできたからといって、急に会話をやめてしまうと、乗り込んできた人に不安感や不快感を与えてしまう場合があります。目線は、階数やニュースなどを表示する表示器や、床へ合わせるとよいでしょう。

まとめ

エレベータートークは手早くすませよう

エレベーターから降りるとき

最低限おさえておきたいふるまい

操作盤の前にいるときは、「開」のボタンを押し、他の人を先に降ろしてから、自分は最後に降りる。

ワンランク上の気くばり美人のふるまい

前述のことに加えて、中に残る人にさりげなく会釈をして降りる。

エレベーターから降りるときにも、さまざまな状況がありますね。自分が操作盤の前に立っていれば、右ページのとおりです。また、このとき「ありがとうございます」とお礼を言って降りる人には、「どういたしまして」と返答できれば素敵ですね。

ただし、なかなかこの言葉を伝えることが難しい場合もあるでしょう。そういうときは、「はい」と返事をするだけでも、お礼を言ってくれた人はいい気分になります。それもハードルが高いと思われる人は、会釈だけでもおこなって、相手の気持ちに応えてさしあげましょう。

反対に操作盤の前で「開」のボタンを押してくれている人には、必ず「ありがとうございます」とお礼を言って降りましょう。ときに、小さなお子様がボタンを押してくれているときもあります。そういうときには、「ボタンを押してくれてありがとうね」と丁寧に伝えてあげると喜ばれます。もし年上の方でしたら、「ありがとうございます」より「恐れ入ります」と言ってみてください。

また、先に降りる知人には「出て右側です」というふうに、方向を伝えてさしあげると親切です。

まとめ

知らない方にも「ありがとう」「どういたしまして」

話をきくとき

最低限おさえておきたいふるまい

相手の顔を見ながら、うなずいたり、合間に「そうなんですね」などの同調の言葉を発したりする。

ワンランク上の気くばり美人のふるまい

首を15度傾け、優しく共感の表情で、うなずいたり拍手したりする。

*話を「きく」には「聞く」と「聴く」があります。一般的に「聞く」は、自然と耳から入ってくる音をきくこと。「聴く」は、注意深く耳を傾けてきくこと。

愛される女性は、相手が喜んでくれることを率先しておこないます。それができるようになるには、自分を相手の立場に置き換えることができるかどうかがポイント。話をきくときには、話をしている人の気持ちを考えてみましょう。

自分が話をしているときに、相手がうなずいてくれなかったり、しかめっ面をしていたりしたらどう思うでしょうか。きっと、不安になったり、テンションが下がったり……。気持ちがマイナスな方向に向かってしまいますよね。

自分がされて嫌だなと思うことは、人にもしないようにする。反対に自分がされて嬉しいと思うことを自然におこなえる人は、相手を幸せな気分にすることができると同時に、自分自身も幸せを引き寄せることができます。

また、「きき方」としては、仕事や勉強会などでは、メモをとることも有効です。ただし、パソコンやスマホに打ち込んだり、写真を撮ったりするときには、事前に確認し承諾を得ることが鉄則です。

まとめ

心を相手に向けてリアクションをしながら「聴く」

話をするとき

最低限おさえておきたいふるまい

相手に失礼のない姿勢や表情、身だしなみを整えて、相手が聞き取りやすい声の大きさやトーンで話す。

ワンランク上の気くばり美人のふるまい

相手の都合や終わり時間の確認をしてから話す。

話をするときも、大勢の人の前で話すとき、商談のときや職場の人と話すとき、また、プライベートの友人や家族と話をするときなど、それぞれのシチュエーションで話し方は変わりますね。どのシーンでも共通して言えることは右ページのとおりです。

話をするときの注意点は「一方的にならない」ということです。一方的に会話を進める人は、自己中心的な人と評価されます。マナーは「相手中心」ですから、話をするときも、常に相手の気持ちや都合などを考えながら話をすること。そういう人は、大人の女性と感じさせます。相手を慮れる人は素敵ですよね。

そのためには、話を始める前に、相手の都合や時間を伺い把握することです。友人であっても「今日は何時まで大丈夫?」などデッドラインを確認すると、相手は自分のことを優先して思ってくれている貴女のことを好きになりますね。

話をするときには、発音や発声の仕方やその内容云々の前に、人として相手を慮る礼、すなわち思いやりが大事なのです。

まとめ

第一印象で好感を与え、相手の都合を慮る

聴いてもらえる大人の話し方

最低限おさえておきたいふるまい

姿勢を正し、相手の顔を見ながら、いい表情で話す。

ワンランク上の気くばり美人のふるまい

絶妙な「間」を入れて、相手が理解しているかどうかを確認しながら話す。

相手が二名以上のときは、一人ひとりの顔を見ながら話をします。全員に向かって話をしている気持ちを伝えるためにです。特定の人だけ見ながら話すのは、気くばりの足りない話し方。目を向けないと相手は嫌われているのかな、などと不安に思い、貴女の話に耳を傾けることができなくなります。

とはいえ、相手の目をじっと見ることはタブーです。目線は首のあたりにおき、ここぞというときに目を合わせると効果的です。また、感情に任せて一方的に話をする人や、原稿を棒読みする人などの話し方には「間」がありません。これは意識が相手ではなく自分にしか向いていないからです。

自分の思いのままに話をするとまとまりのない内容となり、相手は貴女が何を言っているのか、言いたいのか理解不能となります。そこで、はじめに「三件ご報告があるのですが」とか「ちょっと相談にのってもらえる?」など、あらかじめ、どのような内容の話なのかを伝えておくと、相手もその心づもりができて、耳を傾けてくれます。

また、せっかく話をしているのに、誤解をされては本末転倒。誤解なく伝えたいことを伝わるようにする手段として、ジェスチャーは有効です。表情や手を使って貴女の伝えたいことを表現しましょう。

まとめ

相手を慮る気くばりの心が「間」を作る

ちょっとの意識で、愛される人になれる

日常、何気なくおこなっている会話や立ち居ふるまいに、ちょっとだけでも意識を持っていくだけで、貴女のハッピー度は、うん（運）とアップします。

足元や、膝、太腿をピッタリとつけることで、いい関係になりたい人と心と心がつながり、良縁が離れることもありません。私は、幸せなご結婚のコンサルティングもおこなっておりますが、婚活中の女性が前述のことを意識し実践することで、素敵なお付き合いやご結婚を実現させています。また、相手ファーストの会話にするだけで、営業成績を上げたり、素敵な彼氏ができたりと、いいことが次々に起きる幸運体質になります。なぜならば、私の伝えるヒロコマナーは、伝えたいことを我慢しないで伝え、それを受け入れてもらえる愛される人を創造する真心マナー®だからです。

第1章に書いてあることの中には、恥ずかしいからできないとか、苦手です、などと思うこともあるでしょう。しかし、ぜひ、気楽な気持ちでチャレンジしてみてください。そうすることで、幸運の女神は貴女に微笑んでくださいます。

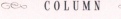

第2章

"OSAHOU" LESSON

"OSAHOU" LESSON

訪問、招待時のふるまい

ご自宅訪問時の服装・身だしなみ

最低限おさえておきたいふるまい

TPOに合わせた髪型、メイク、汚れやしわのない服装、靴、バッグで訪問する。

ワンランク上の気くばり美人のふるまい

TPOに加えて、どんな相手でどのような立場で訪問するのかに応じて、基本を崩す。

＊たとえば相手宅にペットの犬がいて「ラフな格好で来てね」と言われた場合などは、ストッキングの上から靴下を履くなどのアレンジもOKです。

お宅に訪問するときには、玄関先までなのか、室内に通されるのかわからないときもありますね。

また、室内といっても、洋室なのか和室なのかによっても、気をつけるポイントが異なります。大人の素敵な女性の服装、身だしなみの基本は、「①清潔感、②上品さ、③TPPO®に応じた使い分け、④自分に似合う色を知っている、⑤自分に似合うスタイルを知っている」ことです。特にTPPO®は重要です。仕事なのか、プライベートなのか……に始まり、冠婚葬祭、パーティーなどさまざまなシーンに応じて、服装や身だしなみは変わります。

お宅訪問時に素足はNG。足裏の汗や汚れを直接、相手宅の床や畳、スリッパにつけることになります。女性は基本的にストッキングを履きます。特にフォーマルな場所では必須。30デニール以上はタイツとなり、カジュアルな位置付けになります。

また、髪の毛はできる限りまとめましょう。知らぬ間に髪の毛は抜け落ちます。貴女が帰ったあとに、髪の毛が落ちていては、どんなに素敵な装いをしていてもいい印象にはなりませんね。おいとましたあとも、素敵さを残せる貴女でいてください。

まとめ

おいとましたあとまでエレガントにふるまう意識で

訪問直前にすること

最低限おさえておきたいふるまい

約束の時間に間に合うように、相手宅へ向かう。

ワンランク上の気くばり美人のふるまい

「本日は、お時間どおりでよろしいでしょうか」と、30分前くらいに先方の状況を伺う。

幸せになれる人は、相手の立場にたてる思いやりの気持ちをもてるかどうかで決まります。訪問をする際に貴女がワンランク上の気くばり美人になりたいのであれば、お迎えの準備をしてくださっている相手の状況を想像してみましょう。

事前に約束の時間が決まっていても、相手の都合や状況はさまざま。もしかすると、急用が入り時間を遅らせてほしいと思っているかもしれませんし、あと10分あれば、綺麗に片付けができるのに……と思っているかもしれません。

こういうときに、貴女から電話でその状況を伺うと、相手は正直に「ごめんなさい。できれば、お約束の10分後にお越しいただいてもいいかしら?」などと時間変更を言いやすくなります。貴女は「よかったです♪　ちょうど私も一件、電話をしなければならなくなったので。では、10分遅れて到着するようにいたします」などのコミュニケーションに発展する可能性がありますね。対面したときには「お時間遅らせてもらって助かりました。ありがとうございました」など、感謝のプラスのエネルギーからスタートすることができるため、共に心地よい時間を過ごすことになれるのです。

まとめ

相手の状況を想像してみる

訪問時にコートなどを身につけていたら

最低限おさえておきたいふるまい

呼び鈴を押す前に、手袋やマフラーはバッグの中にしまう。コートは裏を表側にし、腕にかける。

ワンランク上の気くばり美人のふるまい

バッグに手袋が入らない場合を想定し、手袋ホルダーを用意しておく。

コートは腕にかける前に塵を落とす。

イギリスなどヨーロッパでは、先方から中に入ってもいいですよ、と言われるまではコートや手袋などを着用したままがマナー。日本では、家にあがる前に外しておくので真逆ですね。

これは文化の相違ですので、郷に入れば郷にしたがうことで恥をかくことはないでしょう。海外では靴を履いたまま家の中に入りますが、日本は靴を脱いであがるなど、「家の中を汚さない」考え方です。これは、日本が和室文化であることに起因しています。

コートは、防寒の役割のほかに、「洋服に汚れや塵が付着しないように」という塵よけの役割もありますから、裏を表側にして腕にかけるわけですね。そこで、コートに付着している塵を落とす、というプラスアルファの気くばりが生きるのです。

ちなみに、帽子は、女性であれば脱がなくてもよいというのが基本にあります。しかし、日差しよけの目的で被っている場合は、脱いだほうが無難です。

男性は呼び鈴を押す前に必ず脱帽しておくのがマナーです。

まとめ

塵まで払い落としてから、呼び鈴を押す

靴を脱ぐとき

最低限おさえておきたいふるまい

靴は脱ぎっぱなしにせず、そろえる。

ワンランク上の気くばり美人のふるまい

家人にお尻を向けないように片膝をつき、「靴はこちらに置かせていただいてよろしいでしょうか」とひと言伺ってから、靴をそろえる。

靴を脱ぐときは、相手からじっと見られているようで緊張しますね。玄関前でモタモタしないためにも、お宅へあがることが前もってわかっているときは、まず、靴の選び方から始めましょう。

お宅訪問時は、相手に対する敬意をこめて、靴の格が上のものを履いていくと安心です。格上の靴は、つま先もかかとも覆われているパンプスです。ヒールはあまり高すぎると脱ぐときによろける可能性がありますから、3～5センチ程度のピンヒールではない安定したものを選ぶとスムーズです。バックル付きのものは屈む動作が必要となるのでスムーズさに欠けます。ブーツも同様に着脱に時間を要するほか、靴の格としてカジュアルですから、控えたほうが無難ですね。

また、靴の表面、かかとなどの裏も綺麗にしておくことは当然のこととして、脱いだときに見える靴の中も綺麗であるよう配慮を忘れないように。汚れが目立つ場合は、新品の中敷きを入れるなどの工夫をしてみましょう。

一般的に、靴は玄関の下座といわれる「下駄箱側」にかかとを向けて置きます。しかし、下駄箱の上にお花などの飾り物があれば上座となるため、反対側に置きます。

まとめ

ひと言添えるとコミュニケーションになる

人を家にお招きするとき

最低限おさえておきたいふるまい

部屋に埃や汚れがないように掃除をし、空気の入れ替えをおこない、片付けておく。

ワンランク上の気くばり美人のふるまい

前述に加えて、家の外まで掃除する。

お客様をお招きする場合は、清掃から整理整頓など念入りにおこないます。特に拭き掃除は大事。床や棚、小物も綺麗に拭いて埃のないようにしておきましょう。お招きする際の第一印象は、家の外から始まっています。外構、外観も綺麗に整えます。ちなみに、それは会社などであっても同様です。

室内には生花を飾り、万人に受け入れられる香りを玄関に入る前から感じてもらえるようにします。お香であったり、アロマの香りであったり、お客様に合わせて喜んでいただけるものを選びましょう。トイレも同様です。トイレや洗面所には、お客様専用のハンドタオルを準備しておきます。それにも軽く香りをしのばせておくと素敵です。

飲み物は、和風、洋風、温かいもの、冷たいものなど、その日の天候や気温、お客様の好みに合う種類をそろえておくといいですね。コーヒーひとつとっても、体質的に飲めない方もいるものです。また、飲み物に合うお菓子や果物なども準備しておきます。

メッセージ入りのお土産も準備するとさらに好印象。健康にこだわりのある人も多いので、オーガニックのものを準備しておくと特別感と高級感が出て喜ばれます。

まとめ

中も外も、思いやりの心と香りでもてなす

席次の考え方

最低限おさえておきたいふるまい

出入口からもっとも遠い席を最上位席とし、出入口からもっとも近い席を最下位席とする。

ワンランク上の気くばり美人のふるまい

出入口からの遠い・近いに関係なく、お客様にとってもっとも心地よい席を最上位席とする。

一般的には、出入口から遠い席が上座、近い席が下座です。

和室の場合は、床の間の前が最上位席となります。お客様が二名の場合、床の間から見て左が一番上、その右隣が二番目となります。三名の場合は、床の間から見て、真ん中が最上位席となり、二番目は右、三番目は左隣となります。

ところが、出入口に近い場所に床の間をしつらえた和室もあります。これは「下《げ》座《ざ》床《どこ》」といわれており、出入口から遠い場所にも近い場所にも、両方に床の間を造ることにより、上下関係をなくす、上下関係なくお座りいただくという配慮からなる造りです。

洋室の場合は、下座の席からのほうが美しい景色をご覧いただけるなどの造りであれば、お客様のご要望を伺い、お好きな席にお座りいただくことがベストと言えます。体調などの問題で、出入口から近いほうを好む方もいらっしゃいます。

基本の席次を理解したうえで、相手や状況に応じて臨機応変にふるまえる人が、愛される人となります。

まとめ

いい意味でこだわりをなくす、柔軟な心を持つ

入室し、着席するとき

洋

最低限おさえておきたいふるまい

「失礼いたします」と言って会釈をし、入室する。
すすめられた席に「ありがとうございます」と言って座る。

ワンランク上の気くばり美人のふるまい

着席の際は「恐れ入ります」と言って、可能なら左から椅子の前に立ち着席する。

*同伴者がいれば、その人を先に着席させる配慮のできる女性は素敵です。

訪問したときは、室内までご案内いただけるでしょう。「どうぞお入りください」と促されたら、「失礼いたします」と言って会釈をして入室します。このとき、同伴者が男性で先に入室を促されたら「お先に」とか「ありがとうございます」などのひと言を伝え、遠慮しないで先に入りましょう。西洋ではレディファーストの習慣があります。洋室は西洋からきている文化ですから、それに即すのが自然です。

一方、ご年配の方やお子様などと一緒のときには、貴女が「お先にどうぞ」と言って彼らに先に入室してもらい、後ろから守ってあげましょう。このとき、相手の腰や背中のあたりに軽く手を当て、室内へ促してさしあげると親切ですね。背の低いお子様であれば、肩に手を添えてあげてもいいでしょう。貴女の手のぬくもりで彼らは安心し、緊張もほどけますね。

着席するときは、目上の同伴者であればその方が座ったのちに貴女も着席します。貴女が最上の立場であれば、先に座ります。貴女一人の場合は、訪問先の相手が座ったら座ります。相手への敬意と謙虚な姿勢の表れとなります。

まとめ

動作の一つひとつに言葉を発し、相手を優先させる

バッグを置くとき

洋

最低限おさえておきたいふるまい

小ぶりのバッグなら背中と椅子の背もたれの間か隣の空席に。大きめのものであれば、床に置く。

ワンランク上の気くばり美人のふるまい

自分の持ち物は、自分が座る位置から見て下座側に置く。床に置くときも同様の位置に布を敷き、その上に置く。

荷物はその大きさなどによって置き場所に迷いますね。覚えておくことは、自分の持ち物は、自分の席から見てドアに近い下座側に。相手にお見せするものやお渡しするものは、上座側に置くということです。

また、床の上に置くときには、床に傷をつけたり汚したりしないようにという配慮から、布などを敷くと気遣いが感じられます。少し大きめの風呂敷などを持ち歩いていると、このようなときにも便利です。

バッグの形状は、フラップ付きやファスナーなどで口を閉じることのできるものが好ましいでしょう。フラップなどがついていない場合は、ストールやスカーフなどを上に置き、バッグの中が見えないようにするといいですね。

トートバッグなどカジュアルなバッグは、置くときちんと立たないので、相手に見えないよう自分の背中と椅子の背もたれの間に置くとよいでしょう。綺麗に立っていないとだらけた印象になります。相手がバッグを気にすることなくお話に集中できる配慮ですね。

まとめ

バッグの置き場所にも上座と下座がある

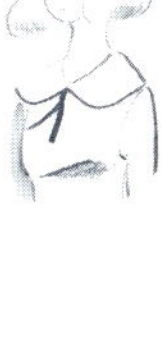

手土産を渡すとき

洋

最低限おさえておきたいふるまい

「よろしければ、召し上がってください」などのひと言を添えて、両手で渡す。

ワンランク上の気くばり美人のふるまい

前述のことに加え、手土産にはメッセージカードを添えておく。

手土産は、基本、お部屋に通されたあとにお渡しします。ただし、アイスクリームや生ケーキなどの冷凍冷蔵品、鉢植えなど室内を汚す可能性があるものは、玄関先でお渡ししてもよいとされています。渡すときは、椅子に座る前に案内くださった方にお渡しするパターンと、訪問の中心人物となる方がいらしたときに直接お渡しするパターンがあります。その際、椅子から立ち上がってお渡しします。

正式には、テーブルを挟んでお渡しはせず、相手に近づいていき渡します。しかし、そのときの状況や相手との関係性などによって、テーブルを挟んでお渡ししてもよいでしょう。その場合は「こちらから失礼いたします。昨日、故郷に帰省してまいりまして、そちらで人気のお菓子です。よろしければ皆さんで召し上がっていただければと存じます」などの言葉とともにお渡しします。

手土産には、ぜひメッセージカードを添えてみてください。「いつもありがとうございます」「本日はよろしくお願いいたします」など、ひと言添えられている手土産は、この日のために準備をしてくれていたという気持ちが伝わります。場合によっては、カードでなく、包装紙やかけ紙に筆やマジックなどで直接書いても、気持ちは伝わり素敵です。

まとめ

手土産は、言葉とともにお渡しする

手土産をいただいたら

洋

最低限おさえておきたいふるまい

「ありがとうございます」とお礼を言い、両手で受け取る。

ワンランク上の気くばり美人のふるまい

「お気遣いありがとうございます」とお礼を言い、両手で受け取る。その場で開けてよさそうなものは「開けてみてもよろしいですか」と伺ってから開け、感想を伝える。

訪問をすること自体、緊張したり、交通費がかかったりするなか、手土産まで用意くださったことに対する感謝の気持ちを伝えるのが気くばり美人。ただ受け取りお礼を伝えるだけでなく、「まぁ♪綺麗なお花ですね！」「わぁ！　おいしそう♪」など、はじめに感嘆符付きの言葉を伝えます。そのあとに感想を言うと気持ちが伝わりやすく、訪問者側も手土産を持参してよかった、と嬉しくなり、ここに互いのハッピーが生まれます。

その後、「センスがいいですね」と訪問者をほめたり、「有名なお店ですよね」など具体的な内容のコミュニケーションをとったりすると、さらに盛り上がることでしょう。開けた場合は、その場に飾ったり、上座に置いたり、一緒に食べたりしましょう。

訪問者側（相手側）は、手土産を入れていた紙袋などは持ち帰るのが基本ですが、いただく側（貴女）から「よろしければ、そちらの紙袋、こちらでお預かりいたしましょうか」などの配慮の言葉を添えてみるのもいいでしょう。

まとめ

お礼を伝え、センスのよさをほめ、気遣いを讃える

お菓子でもてなすとき

洋

最低限おさえておきたいふるまい

お皿にケーキなどの洋菓子をのせて、まずはお菓子をお客様の前に、飲み物はその右斜め上に両手でお出しする。

ワンランク上の気くばり美人のふるまい

洋菓子のフィルムなどは取り除いてお皿にのせる。温かい飲み物はカップも温め、冷たい飲み物はグラスも冷やしてお出しする。

お客様に飲み物と洋菓子をお出しするときには、トレイの上に飲み物や食べ物をのせ、サイドテーブルに一度置きます。そして、お皿を両手で持ち、「こちらから失礼いたします」と言って、お出ししやすい場所から出して構いません。自宅の場合は、お部屋のスペースも限られているでしょうから、前や横からお出しすることが多いでしょう。

美しく品を感じさせる所作のポイントは「両手」でお出しすること。とはいえ、ここにも相手への敬いや感謝などの気持ちがあってこその両手という型となることをお忘れなく。もちろん、諸事情で片手しか使用できないなどの場合はこの限りではありません。

お出しする順番は、「①食べ物、②飲み物」です。食べ物はお客様の真ん前に。飲み物はその右少し斜め上に。お出しするときは無言ではなく「どうぞ」とひと言、言葉を発すると好印象になります。

また、手を清めるおしぼりのほかに、手を汚したときなどのためのナプキンも添えてお出しする気くばりがあると素敵です。

まとめ

お客様が食べやすく、飲みやすくなる配慮が肝心

お菓子を出していただいたとき 洋

最低限おさえておきたいふるまい

「ありがとうございます」とお礼を伝えて会釈をする。

ワンランク上の気くばり美人のふるまい

「恐れ入ります」と言って会釈をしたあとに、「素敵なティーカップですね」など、食器などをほめる。

人様に何かをしていただいたら、感謝の気持ちを言葉と行動で伝えることが大切です。ただ、このようなことは、頭ではわかっていても、実際にできていないことのほうが多いので、最初は意識して自分ができているかを確認してまいりましょう。そうしていると、無意識のうちに、自然とできるようになります。

ワンランク上の女性のお礼の言葉は「恐れ入ります」。この言葉をさりげなく使えたら素敵ですね。そして、言葉だけではなく、会釈などの行動も添えて、感謝の気持ちを伝えてまいりましょう。

さらに、食器類やお出しくださった飲み物や食べ物を見ての感想を伝えると、先方は喜びます。「とてもいい香りのするお紅茶ですね」「美しいお色のクリームですね」などといった感じです。さらには「初めていただくシュークリームです」と「初めて」という言葉を発すると、お出しくださった方もよかったと思い、ハッピーな気分になっていただけますね。

食べるタイミングは、先方から「どうぞ召し上がってください」と言われたらいただくのが正式ですが、言われないときには、「いただいてもよろしいですか」とひと言、許可をいただいてから食べます。

まとめ

相手をハッピーにする言葉を発する

コーヒーやケーキをいただくとき 洋

最低限おさえておきたいふるまい

飲み物に添えてあるスプーンをカップの向こう側、ソーサーの上に置いて、ハンドル（持ち手）をつまみ持ち上げて飲む。

ワンランク上の気くばり美人のふるまい

前述同様におこなうが、テーブルと椅子の間隔が離れている場合は、ソーサーごと持って飲む。

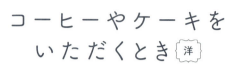

ふつうはソーサーは持ちませんが、ソファとテーブルなど、距離がある場合にはソーサーを胸元まで持ってきたほうが美しく見えますし、こぼす心配もありません。カップが大きくハンドルをつまみ持つことができない場合は、指をハンドルの空洞部分に入れて持ち上げてもよいです。ただ、カップを両手で持つのはNG。ぬるくておいしくないというサインになります。

また、飲み物にお砂糖とミルクを入れる場合は、まずはひと口いただきお味の確認をしたのちに、お好みの分量を入れます。かき混ぜるときは、スプーンの先端を軽くカップに入れ、前後に動かします。クルクルとかき回すことはしませんのでご注意を。

ケーキを食べる前にはニッコリしながら、「いただきます」のひと言を忘れずに。ケーキのフィルムは、フォークの隙間にフィルムを入れ、フィルムをフォークに巻きつけながらはがしていきます。このとき、ケーキ側についているほうを内側に巻くようにしていくのがポイント。フォークに巻きつけたフィルムは、お皿の左奥に置いてください。二等辺三角形のケーキは、細く尖っているほうを左にし、左から食べます。丸型のケーキは、左手前から食べます。

まとめ

ちょっとのコツでグッと美しく見える

おいとまするとき・されるとき 洋

最低限おさえておきたいふるまい

訪問者は「そろそろ失礼いたします。ごちそうさまでした」などのお礼を伝え、席を立つ。家主は「お構いもせず失礼いたしました」と挨拶をして、玄関へ誘導する。

ワンランク上の気くばり美人のふるまい

互いの挨拶後、家主は「お化粧室はいかがですか」と先手でお声がけする。

「そろそろ帰りたいんだけど……」と思っても、訪問した側はなかなかそれを言い出すことができないときがありますね。もともと自分がそのタイプだとわかっている場合は、訪問することを決めるときに、「当日は申し訳ないことに、次の予定があるため、一時間程度で失礼いたします」など、あらかじめ、帰る時間を伝えておくとよいでしょう。そうすれば、家主も「そろそろお時間ですよね」と言いやすくなります。このように事前に帰る時間を伝えておくと、家主が気を利かせて言ったことが「早く帰ってほしい」からそのように促している、という誤解もなくなります。

家主は、お客様に気づかれないよう、事前にお客様の靴を履きやすい方向に向けておきます。お客様にお土産をお渡しするときは、帰り際にお部屋で渡してもよいですし、玄関で渡してもどちらでも構いません。持ち帰りやすいように、手提げ袋のままお渡しします。

また、お客様はトイレに行きたくても、なかなか正直に言えないことも。そこで、貴女から促してさしあげると、お客様も行きやすくなります。

まとめ

去り際まで気を抜かずに心遣いをする

和室へ入るとき

和

最低限おさえておきたいふるまい

ふすまの前に跪坐《きざ》し、ふすまを開け、敷居を踏まないように中腰で入室する。

ワンランク上の気くばり美人のふるまい

ふすまの前で正座をし、ふすまを開けて会釈をしたあとに跪坐する。

＊跪坐とは、頭頂から腰をまっすぐにし、つま先をつけてかかとを立て、かかとの上に腰を置く座り方。この姿勢をとることで、次の動作をしやすくなります。

前述のとおり、お宅にあがるときには、素足はNG。ストッキングを履いていればいいのですが、正式には、ストッキングを履いていても、その上から白い靴下を履くといわれています。これは足袋の代わりとなりますから、男性も同様です。マナーとは、相手の立場にたつことですから、畳への配慮となるわけですね。

とはいえ、「どこで履けばいいの?」とも思うでしょう。正直なところ、現代ではここまでしなくてもよろしいかと思いますが、このようなことを、知識として知っているのと知らないのとの差は、貴女の素敵度に表れます。

可能であれば、一般のお宅の場合は、玄関で靴を脱いであがるときや、和室に入る前に手際よく履けると上級です。そのためにも、フレアのロングスカートを着用していると安心ですね。和食店の個室に入るときには、高級店であれば、靴を脱いだあとにそのスペースがありますので、そこで履きます。

跪坐の仕方

まとめ

慣れていないことにもチャレンジしてみよう

荷物・コートの置き方

和

最低限おさえておきたいふるまい

入室したら、出入口の邪魔にならないよう、手土産以外の荷物などは部屋の隅に置く。

ワンランク上の気くばり美人のふるまい

自分の荷物で畳を傷つけないように、白い布や風呂敷の上にバッグやコートを置く。

＊家主が「コートをお預かりいたします」と言ってくださったら、「恐れ入ります」と答えて遠慮せずに預けましょう。お渡しするときには「お願いします」と言って渡します。

和のマナーは、もともとの日本の生活様式や日本家屋の造りから、私たちの先人の方々がその様式にマッチした型を考えてくださったものですから、そのすべてが現代の生活にマッチするかというと、そうとはいえないこともあります。

あるドラマのマナー指導を私が務めたとき、明治時代の大阪船場のお屋敷に女性たちが訪問するシーンがありました。このときは、お宅にあがったらすぐに、自分の荷物やコートを風呂敷に包み、玄関先に置いて、和室に入室するという当時の所作をおこないました。

このような所作の名残は現代でもあり、玄関先に荷物やコートを置くべきといわれることもあります。とはいえ、このようなことは相手も同様に知っていないと、かえってマナー違反と思われる可能性があります。日本はもともと、言葉なく暗黙の了解での所作をおこなう文化がありますが、先述のとおり、相手がそれを知らないと通用しません。現代は「こちらに置かせていただいてもよろしいでしょうか」と伺いをたてることが、良好な人間関係を築くためにも大切なことですね。

まとめ

古きよき考えを尊重しつつ現代に上手にマッチさせる

手土産を渡すとき

和

最低限おさえておきたいふるまい

袋や風呂敷から出し、相手正面に向けて差し出す。

ワンランク上の気くばり美人のふるまい

手土産を自分正面に向け、畳の上に置く。

右手は左上、左手は右下に添え、時計回りに90度回す。同様に持ち替えさらに90度回し、相手正面に向けて差し出す。

和室に入室したら、出入口の近くで正座をし、そこでご挨拶をするのが正式といわれています。手土産を渡すのも、この場所でお渡しします。しかしながら、家主が「どうぞこちらへ」とおっしゃる場合は、「恐れ入ります」と言って座布団の横に移動し、座布団にはあがらずに畳の上でご挨拶をします。この場合は手土産もテーブルの上に置いてお渡しします。

座礼は、さまざまな流派によってその型が若干異なります。もっともシンプルな座礼の所作は、正座をし、両手は太腿の上に重ねずに足に添って手のひらを太腿につけます。「よろしくお願い申し上げます」などの挨拶言葉を発するときは、太腿にある手を膝に滑らせ、指先が畳に触れた状態で伝えます。

その後、脇はしめたまま、腰から前屈させます。頭頂から腰をまっすぐに前傾させるとともに、手は膝から畳の上へと滑らせます。このとき、畳の上で人差し指と親指をつけ、三角形を作ります。手のひらは畳の上につける説と軽く浮かすという説があります。

まとめ

美しい所作は、相手を思う貴女の美しい心の表れ

座布団に座るとき

和

最低限おさえておきたいふるまい

家主から「どうぞお座布団へ」などと誘導されたら「恐れ入ります」と言って、座布団前に移動し、にじりあがり正座をする。

ワンランク上の気くばり美人のふるまい

座布団にあがる前に「失礼いたします」と言って軽く座礼をする。

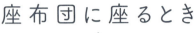

和室での移動は、距離が短ければにじって移動をします。「にじる」とは、膝を畳などにつけて、少しずつ動くことです。出入口でご挨拶をしたあと、席までの距離が短ければにじって移動し、座布団の後ろや横に位置します。

座布団へのあがり方は、両手こぶしを座布団の上に置き、膝を少し浮かせて座布団の上に乗ります。その後、微調整をし、綺麗に正座をします。

正座をしているときの足の親指は、重ねるのが正しい姿勢です。しかし、そうすると、脚がしびれやすくO脚になりかねません。重ねずにかかとにお尻をのせるとしびれにくく、O脚にもなりにくくなります。

流派にもよりますが、訪問した客人の手は重ねずに太腿の上に指をそろえておきます。一方、迎える側の家主が女性であれば重ねます。右手を上にするのを「男手」、左手を上にするのを「女手」といい、女性はどちらを上にしても間違いではありません。流派の違いです。男性は右手を上にするのでそのスタイルを「男手」といっています。

まとめ

正座をすると、気持ちがシャキッと、心も正せる

お茶や和菓子をふるまうとき 和

最低限おさえておきたいふるまい

湯のみ茶碗にお湯を入れ、それを急須に戻し、人数分、それぞれのお茶の濃さが均等になるように、順に三回程度そそぐ。

ワンランク上の気くばり美人のふるまい

そそぎ終えた急須の最後の一滴を、最初にそそいだ湯のみ茶碗に入れる。

お茶をいれるとき、ポットなどから急須に直接お湯は入れません。また、湯冷ましを使用する場合でも、湯のみ茶碗にお湯を入れて茶碗は温めておきましょう。

お茶を運ぶときは、お盆の上に茶托と湯のみ茶碗を別々にのせ、お出しする前に、湯のみ茶碗の下のほうを持ち、茶托の上に湯のみ茶碗をセットして両手でお出しします。湯のみ茶碗や茶托に模様があれば、それがお客様に見えるように置きます。木目のある茶托は、その木目がお客様と平行になるように置いてくださいね。

お茶と和菓子は、まずは和菓子をお客様の正面に置きます。その後、お茶をその右に置きます。お客様から見ると和菓子が左、お茶は右、と覚えておきましょう。お出しするときには、「失礼いたします」と言って和菓子をお出しし、お茶をお出しするときには「どうぞ」などとひと言お伝えすると好感度が増しますね。

暑い日は、最初は冷茶を。冷房のきいているお部屋であれば30分ほどしたら、温かいお茶を出す、などの配慮もしてみてはいかがでしょうか。その細やかな気くばりは、相手の心に響くことでしょう。

まとめ

貴女の心を相手様に適温でそそぎ喜んでいただく

お茶や和菓子をいただくとき 和

最低限おさえておきたいふるまい

「どうぞ」とすすめられてから「いただきます」と言って、家主が口にする順に合わせていただく。

ワンランク上の気くばり美人のふるまい

「恐れ入ります。頂戴いたします」と言っていただき、「とてもおいしいです」などの感想を伝える。

蓋付きの湯のみ茶碗は、利き手で蓋のつまみを横から持ち、手前から奥へと開け、蓋の裏についている水滴を落として茶托の右上に、裏側を上にして置きます。その際、茶托に蓋の端をひっかけるように置くことで、蓋が固定されテーブルなどを傷つけません。お茶を飲むときは、まず湯のみ茶碗の下のほうを両手で持ち上げ、利き手ではないほうの手を糸底《いとぞこ》（湯のみ茶碗の底）に添え、両手で飲みます。

和菓子を食べるときは、添えられている黒文字《くろもじ》（太い爪楊枝）などで、左側からひと口分ずつ切って食べます。和菓子はお皿を持って口元で食べて構いません。もし串団子が出てきたら、家主の食べ方にならうのが安心です。美しい食べ方としては、黒文字を使用して串から団子を抜き、抜いた団子を黒文字に刺して食べます。和菓子を包んでいる紙や、桜餅などの葉などは食べ終えたらたたみ、黒文字や串などはその中に差し込み、お皿の上に置きます。

気をつけたいのは、食べている最中に、手皿をしないようにすること。手皿の代わりに、懐紙を使用すると素敵です。懐紙は、デパートや茶道具売り場、ネットでも購入できますので、ティッシュペーパー代わりに常備携帯しておくと便利です。一筆箋やポチ袋の代わりにもなる万能ハッピーアイテムです。

まとめ

懐紙を持っている女性は優しさと品性に包まれる

おいとまするとき

和

最低限おさえておきたいふるまい

座布団からさがり、畳の上で挨拶をする。
荷物を持ち、畳のへりや敷居を踏まないように退室する。

ワンランク上の気くばり美人のふるまい

座布団からさがった場所で挨拶後、ふすまの前で、再度、正座で挨拶をしてから退室する。

座布団からさがるときも、にじって移動します。座布団の上には立ち上がりません。自分が座った座布団を裏返しにして帰るという所作もあるようですが、一般的には浸透していませんのでおこなう必要はありません。もちろん、そのようなルールの間柄であればおこないます。

お見送りをする側は、訪問者の動向に合わせることも大事なことですが、家主側が先導をきってくれると訪問者の気は楽になります。ですから、訪問者が出入口で再度の挨拶をしなければ、それはそれでスルーさせてOKです。

肝心なことは、家主は玄関まで誘導してさしあげること。誘導する人は、お客様の右斜め前に位置し、お客様の歩調に合わせて丁寧に親切にご誘導します。また、玄関の靴は、お客様が履きやすい向きに事前に整えてさしあげておきます。

コートや大きな荷物などをお預かりしているときは、それらを忘れずにお渡ししましょう。玄関の外までお見送りをするときのお土産は、家主側がその場でお渡しして構いません。お客様が見えなくなるまで、お辞儀をしたり手をふったりしながら、丁寧にお見送りをします。

まとめ

互いに感謝し合い、再会を楽しみにする

型にこだわりすぎず、相手のことを考えて

個人の生徒さんへのプライベートレッスンや企業のマナーコンサルティングをおこなうと、決まって席次やお茶の出し方などの細かい作法を訊かれます。一般的にいわれている「正解」はありますが、ワンランク上の気くばり美人はそれを超えた「ココロ」を「カタチ」にします。

先日も和食マナー講座にて、細かく席次のことをご質問なさる方がいらっしゃいました。こういうときにはどうすればいいのか、を知りたい気持ちはわかりますが、その型にこだわりすぎると一緒にいる人たちは疲れ、面倒な人だと思われる可能性が大。マナーは、双方、みんなで幸せに、プラスになるために存在します。そのためには、「カタチ」や「一般常識」に執着、固執しすぎては、幸せは遠のいてしまうことも……。

たとえば、和服の帯留。私は、バレンタインデーにはハート、クリスマスにはサンタやトナカイのブローチをつけたりします。帯留代わりにキラキラブローチをつけていると「こんな使い方もあるのですね！」「素敵」などのお声をいただき、見知らぬ人からも話しかけられます。幸せの女神は、既存を超えた相手様を喜ばせる柔軟な発想、思いやりのアイデアに微笑んでくれます。

第3章

“OSAHOU” LESSON

“OSAHOU” LESSON

食事のお作法

レストランで食事をするとき

最低限おさえておきたいふるまい

飲み物やお料理を持ってきてくれたとき、お皿をさげてくれるときには「ありがとうございます」とお礼を伝える。

ワンランク上の気くばり美人のふるまい

「おいしかったです。ありがとうございます」など、感想も伝えて会釈をする。

食事のマナーでもっとも大切なこと。それは、その場にいる人たちと楽しい時間を過ごすことです。そこに欠かせないのが、食材やお皿、カトラリーやお箸、料理人、給仕くださるお店の方などに対する感謝の気持ちです。お料理を作ってくださる人、店員さんやお店に対する感謝の気持ちを「言葉と行動」で示しましょう。

私がイギリス、オックスフォードで生活をしていたときのこと。当時、オックスフォード大学大学院の遺伝子学研究者だった、ビジネスパートナーのウイリアム博士やその仲間たちと、カジュアルなお店から超高級レストラン、アッパークラスの人たちが集うパーティーや会員制の紳士倶楽部まで、さまざまな社交の場に行っておりました。世界トップクラスの彼らの立ち居ふるまいでもっとも感心したのは、お店の人が何かしてくれるたびに必ず「サンキュー」とお礼を伝え、他のテーブルなど、知らない方々ともすぐにコミュニケーションをとり、その場をみんなで楽しく過ごすことでした。

オーダー時には「お願いします」、料理が運ばれてきたら「わぁ！　おいしそう！　ありがとうございます」のひと言を。美しい人のテーブルマナーは、食事の仕方以前に、周囲への気遣いで決まります。

まとめ

店員さんも含んだ周囲への気くばりをしてみて

お店の予約をするとき

最低限おさえておきたいふるまい

一緒に行くメンバーの都合や好みを考慮し、お店を決めて予約する。

ワンランク上の気くばり美人のふるまい

予約時にお店に当日の目的を伝え、予約当日の混み具合などを伺い、落ち着いて食事ができる席をリクエストする。

男女の場合は、基本的には男性が予約をするのがマナー。もちろん、彼へのサプライズでの予約は貴女がおこないますね。また、忙しい彼やご主人のために、貴女が予約をすることもOKです。

予約をすると、スムーズにお店に通してもらえます。当日、急にお店に行く場合でも、事前に予約をしておくと安心です。日本では、予約をするのは、特別なイベントのときだけにおこなうというイメージがありますが、私が経験をした海外での生活では、「今から四名で行きたいのですが、空いていますか」と連絡をして、予約をして行くことが多くありました。予約をすると、お客側は、席が確保されているため安心です。一方、お店側は、人数分のグラスなどを慌てずに準備できます。予約をするということは、双方にとってメリットがある配慮なのです。

予約の際には、お店の人とよいコミュニケーションをとることがお得です。インターネットから予約をしたとしても、その後、必ず電話で確認をすることをおすすめします。お誕生日やバリアフリーの席など、事前にこちらのリクエストやお願い、相談内容を伝え、当日のサプライズや安心安全の空間を演出するためにも、予約は大切で重要なことです。

まとめ

事前準備が愛されるもととなる

入店するとき

最低限おさえておきたいふるまい

お店の人や彼、夫などのエスコートに応じて入店する。

ワンランク上の気くばり美人のふるまい

彼や夫がエスコートをしない場合でも、あえてレディファーストとして自分が先に入店する。

*貴女が目上の方やお子様などをエスコートするときは、ドアを開けて相手に先に入っていただくとよいでしょう。

日本では、レディファーストが根付いておりません。しかし、グローバルスタンダードといわれる現代では、女性も男性もレディファーストの習慣を身につけておくと素敵です。もし彼や夫がエスコートをしない場合でも、貴女があえて自分から入店することで、同伴者に恥をかかせない配慮が瞬時にできるということになります。

日本人女性は、遠慮を美徳とする風潮があります。これは奥ゆかしい日本文化にも通じることのような気がしますが、相手の存在があるコミュニケーションの観点からは、特に海外の人から見ると〝困ったちゃん〟行為になるときがあります。お店の人がドアを開けて「どうぞ」と言ってくれたら、目を合わせニッコリとし、「ありがとうございます」と答えて自然な会釈をしながら入店します。同伴者がドアを開けてくれたなら、同様にお礼を伝えて、先に入店します。

複数名いる場合、「どうぞどうぞ」と遠慮しあうことはかえってマナー違反。あとに続くお客様の迷惑となります。「どうぞ」とご案内していただいたら、素直にその厚意を受け、「ありがとうございます」と感謝の気持ちを伝えるとスムーズで、美しいですね。

まとめ

厚意は素直に、感謝の気持ちを表して受け入れる

乾杯をするとき

最低限おさえておきたいふるまい

指を綺麗にそろえて、グラスは利き手で下のほうを持ち、もう一方の手は底にそっと添えて乾杯する。

ワンランク上の気くばり美人のふるまい

相手がグラスを当ててきたら、相手のグラスよりも低い位置にして、グラスを傷つけないようそっと当てる。

ビールグラスなどのグラスで乾杯をするときは、利き手でグラスの下のほうを持ち、もう片方の手は、女性の場合は底に添えるほうが、女性らしく丁寧な感じに見えます。相手の目を見ながら「乾杯」と言い、グラスを目の高さに掲げます。

高級店ではグラス同士を触れさせないほうがよいでしょう。高級なグラスは大変薄く繊細なので、グラスに傷をつけたり、破損させたりする可能性があるからです。カジュアルなお店で厚みのあるグラスであれば、そっと触れ合わせるとよいですね。あくまで触れ合わせる程度で、勢いよくぶつけたりはしません。目上の方との乾杯の際には、相手のグラスよりも低い位置に掲げたり、触れ合わせたりします。これは、相手よりも自分を低い位置に置く謙虚さを表す気持ちからなる型です。

乾杯は、一気に飲み干し、お祝いの気分を盛り上げるものです。一方、葬儀や法事の席では乾杯ではなく「献杯」をします。献杯は、精進落としの前やお別れ会などで、故人に対する敬意を表し杯をささげることです。杯（グラス）を胸の高さに持ち、代表者が「献杯」と発声し、それに続いてみんなも「献杯」と唱和します。杯を高く掲げたり、杯と杯を合わせたりはしません。

まとめ

お店のグラスにも気くばりする

おちょこ・ワイングラスの持ち方

最低限おさえておきたいふるまい

丁寧に、上品に、女性らしく両手で持つ。

ワンランク上の気くばり美人のふるまい

周囲や相手、状況に応じて、臨機応変に持ち方を変える。

女性のおちょこの持ち方は、利き手の親指、人差し指、中指でおちょこの側面上部を持ち、薬指と小指は軽く添えます。もう片方の手は、底から支えます。

シャンパングラスの場合は、ステムと呼ばれる脚の部分を持ち、美しい気泡を視覚でも楽しみます。白ワイン用のグラスも同様に、ステムを持ちます。手の温度で白ワインを温めないようにという配慮からです。

赤ワインの場合は温めてもよいので、ボディ（ワインが入っている部分）を持ってもよいとされています。とはいえ、ワイングラスも繊細な作りですから、ボディを持つことで破損の恐れは否めません。また、そこに指紋がつき、洗うときに大変というお店側の声も聞きますから、基本はステムを持つことをおすすめします。

基本の持ち方をマスターしていても、たとえば、飲み会などで他の方が片手で持っていたら、自分も片手で持つなどの配慮ができる人は素敵です。自分だけが目立とう、素敵に見せようというのは、真のマナーとはいえません。

まとめ

ものや状況を慮る心を磨き、思いやりの心を育てよう

お酒をそそぐとき

最低限おさえておきたいふるまい

ラベルを上にし、両手で丁寧にそそぐ。

ワンランク上の気くばり美人のふるまい

「こちらでよろしいですか」と酒類を確認してからそそぐ。

ビールは、ラベルを上に向けて、両手でそそぎます。利き手はラベルに手がかからないように下のほうを持ち、もう片方の手は下から支え持ちます。始めは勢いよく、徐々にゆっくりと。泡はグラスの上部、三分の一程度に作ります。そうすることで、見た目も美しくおいしく飲めます。

日本酒は、お銚子の下のほうを上から持ち、もう片方の手は下から支えそそぎます。熱燗のときは、布巾を当てたり、お銚子の首の部分を持ったりすると熱くなくて安全です。そそぐ量は、杯の八～九分目くらいまで。そそぎ終えるときは、下に添えてある布巾をそそぎ口の下まで持ってきて、お酒の垂れを防ぎます。

ワインはラベルを上に向け、底を持ちそそぎます。基本は片手でそそぎますが、難しいときはもう一方の手にナプキンを持ち、瓶の下から支え、両手でそそぎます。量はグラスの半分程度まで。そそぎ終えるときは、瓶を少し右に回し、添えてあるナプキンでそそぎ口の下をおさえ、垂れを防ぎます。

ちなみに、高級店ではワインをそそぐのはお店の人の役目ですから、自分たちではそそぎません。ただし、接待や社内の飲み会などでは互いの親睦をはかるために、自分たちでおこなってもよいでしょう。

まとめ

おいしく飲んでいただけるよう心をこめて丁寧にそそぐ

お酒をそそがれるとき

最低限おさえておきたいふるまい

ビールグラスは、利き手で下のほうを持ち、もう片方の手は底に添えて持ち上げる。

ワンランク上の気くばり美人のふるまい

ビールグラスを少し傾け、半分くらいまでに達したタイミングでグラスを起こし、泡が立ちやすいようにする。

ビールグラスは、本来はまっすぐに持つのが基本です。しかし、そそぎ始めに泡が立たないようにグラスを少し斜めに傾ける光景を日本ではよく見かけます。これは、日本人の相互への配慮からなる所作で、海外ではあまり見ない光景です（また、海外のビールは、もともと泡があまり立たないビールが主流だったこともあり、そそがれるときにグラスを傾ける必要がなかったのです）。

半分くらいまでそそがれたら、ゆっくりとグラスをまっすぐにし、上部に泡が立つようにすると、そそいでくださった方にも親切ですね。そそいでもらったあとは、「恐れ入ります」「ありがとうございます」とお礼を伝え、会釈をしましょう。

日本酒は、99ページでお伝えした持ち方でおちょこを持ち上げます。

ワインは、グラスには触れずに、テーブルの上に置いておくのがマナーです。

ます酒は、両手でますを持ち、角から飲みます。受け皿にあふれているお酒は、ますの中のお酒を飲み干してから、自分でますに移して飲みます。ちなみに、ます酒を飲むことを「角打ち」と言います。

まとめ

一つひとつの所作に感謝の言葉を発する

ワインの選び方

最低限おさえておきたいふるまい

食前酒には、辛口でライトなスパークリングワイン。オードブルや魚料理には白ワイン。肉料理には赤ワインを選ぶ。

ワンランク上の気くばり美人のふるまい

白身魚や豚肉などには白ワインを。赤身魚や牛肉などには赤ワインを選ぶ。

基本的にはワインは好きなものを飲んでよいですし、何を頼めばいいのかわからないときには、お店の人がプロですから、おすすめのワインを訊くのが安心です。ただ、基本的に白い身のもの（脂肪分の少ないもの。白身魚、鶏肉、豚肉、仔羊など）は白、赤い身のもの（脂肪分が多いもの。赤身肉、牛、鹿、羊肉など）は赤が合う、と覚えておくと便利です。

ワインを飲むときには、まず目で色を楽しみ、次に鼻で香りを確かめ、最後に口に含んで味わうと「ツウ」。「色→香り→味」ですから「目→鼻→口」と覚えられます。

ワインの色は、テーブルにグラスを置いたまま、グラスを少し傾けて、テーブルクロスに透かして確認します。香りの確認は、グラスをテーブルに置いたまま手を添えて、反時計回りに5回ほどグラスを回し、多くの酸素と触れるようにします。その後、グラスを鼻の下へ持っていき、香りを確認。反時計回りにするのは、回している最中に万が一ワインが飛び散る場合、自分のほうに向かって飛びますから、人様にご迷惑をかけることはありません。一方、時計回りに回してしまうと、前や右斜め前に向かって飛び出します。つまり、他の人に迷惑がかかってしまうということなのです。

まとめ

右回しか左回しかにも、相手への配慮がある

ナプキンの取り扱い方

洋

最低限おさえておきたいふるまい

ナプキンを半分に折り、輪を自分のお腹側に向け、太腿の上に置く。

ワンランク上の気くばり美人のふるまい

半分に折ったナプキンの上にくる部分を3センチ程度短くして、輪を自分のお腹側に向け、太腿の上に置く。

ナプキンは、着席したらすぐにかけていいのですが、ポイントは、そのテーブルで最上位の人がとったら、それに続いて他の人もとるということです。晩餐会などでは、自分の左隣に座った男性がナプキンをかけてくれるのが正式なマナー。レストランでも、お店の人がかけてくれることがありますよね。そういうときは、かけてもらったら必ず「ありがとうございます」と言って、微笑みましょう。

口や手を拭くときは、ナプキンを使用してよいですが、汚れが目立たないように、二つ折りにしたナプキンの上側の裏を使用すると、汚れを隠すことができます。だから、ワンランク上の人は上側を短くし、めくりやすくするわけです。

中座するときは、椅子の座面の上に置きます。戻ってきたら、お店の人がかけてくれたり、椅子の背に綺麗に置き直してくれていたりもします。

食事を終えたら、軽くたたみ、テーブル上、右側に置きます。綺麗にたたむと「サービスに満足しなかった」という意味になりますから、軽くたたむ程度にとどめるとさりげない配慮として、お店側も評価することでしょう。

まとめ

ナプキンの使い方ひとつでコミュニケーションできる

料理を取り分けるとき

洋

最低限おさえておきたいふるまい

大皿の料理を一人分ずつ、量や食材が平等になるように小皿に取り分ける。

ワンランク上の気くばり美人のふるまい

上席から順に好みの量や食材を伺い、取り分ける。

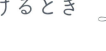

日本では、客自身が料理を取り分けることがありますが、西洋の正式なテーブルマナーとしては、それはしません。高級店では取り分けるのはお店の人がおこないます。とはいえ、接待のときなどは、人様の分を取り分けないと、気が利かない人だと思われるのは嫌、という思いから取り分けている人も少なくありませんね。

取り分けるときは、大皿に盛り付けているスタイルと同じように小皿に取り、盛り付けるのが理想です。また相手の好みを知っていれば好きな食材を多めに入れるなどすると喜ばれます。美しく見せたいのなら、小皿にはその7割程度、食材の色のバランスなども考えながら盛り付けると上品です。取り分け用のサーバー（スプーンとフォーク）を片手で使いこなすことができればスマートですが、難しい場合は無理することなく両手を使いましょう。

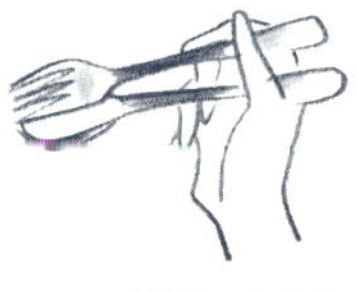

ヨーロピアンスタイル
（ジャパニーズスタイル）

アメリカンスタイル

まとめ

取り分けは義務ではなく、相手への思いやり

ナイフとフォークの基本の持ち方 洋

最低限おさえておきたいふるまい

ナイフは右手、フォークは左手。ナイフの刃を下に、フォークの背は上にして、それぞれ、人差し指を上からおさえるように持つ。

ワンランク上の気くばり美人のふるまい

魚料理を食べるときは使い分ける。

フィッシュナイフはおさえずに挟み持つ。

カトラリーが左右に並んでいるときは、外側から使用していくと覚えておくとよいです。基本的に、フォークは、背を上にして食べます。しかし、ビーンズなど、うまく食べることができない食材は、フォークの腹を上にして、そこにお料理をのせて食べてもよいです。これはフランス式の食べ方（前者はイギリス式）。カジュアルなお店では、フランス式で食べている人が増えています。

フォークを右手に持ち替えて食べるのは、アメリカ式です。持ち替えるとき、ナイフはお皿の奥側に、刃を自分に向けて置きます。アメリカ式は、カジュアルなお店ではＯＫですが、高級店では控えましょう。

ナイフの使い方で差が出るのは、フィッシュナイフ。魚料理は力を入れなくても簡単に切れるため、人差し指を上からおさえて力を入れる必要がありません。この使い分けができていると「ツウ」ですね。

カトラリーの取り扱いで、絶対におこなってはいけないこと。それは、ナイフの刃を相手に向けることです。会話が弾むとうっかり「そうそう！」などと言いながら、知らぬ間にナイフを振りかざしたり、相手に刃を向けたりしている光景を目にします。絶対にしないでくださいね。

まとめ

カトラリーの刃や先端は、絶対に相手に向けない

食事休みのカトラリーの位置 洋

最低限おさえておきたいふるまい

ナイフとフォークをお皿の中に「ハの字」にして置く。

ワンランク上の気くばり美人のふるまい

ナイフの上にフォークをクロスさせて置く。

＊食事終わりは、ナイフを右、フォークを左に並べ、お皿の中、時計の六時の位置にそろえて置きます。

カトラリーの位置は、お店の方など周囲の人たちへのサインです。同じテーブルの方々との会話やお食事に集中し、楽しんでいただくために考案された素晴らしいマナーです。

食事休みは、お皿の中で「ハの字」にするのがフランス式、「クロス」させるのがイギリス式。イギリス式は、ナイフの上にフォークをクロスさせることで、「私はナイフで攻撃することはいたしません」という気持ちを表しています。アメリカ式は柄をテーブルの上に置きます。

食事終わりは、四時の位置にそろえるフランス式（日本式）、三時の位置にそろえるアメリカ式（一部ではフランス式）のほか、六時の位置にそろえるイギリス式があります。イギリス式は、お店の方がお皿を下げる際に、カトラリーが邪魔にならないようにという配慮からなる型です。

イギリス式の
食事休み

イギリス式の
食事終わり

まとめ

美しい所作は、周囲へのさりげないサイン

オードブルやサラダを食べるとき 洋

最低限おさえておきたいふるまい

左手前からひと口分ずつ、口に運ぶ。

ワンランク上の気くばり美人のふるまい

ひと口目はソースなどはつけずに、そのままの味で食べる。

その後、お皿にあるデザインされたソースなどを絡めて食べる。

テーブルマナーで大切なことのひとつに、料理人に対するマナーがあります。お客様に対して、最高の食材を用いて最高のタイミングで最高においしく食べてほしいというその気持ちで供されたお料理です。最初のひと口目は、そのままの味を堪能しましょう。その後、ソースなどを絡めて、味のバリエーションを楽しむのが、素敵な気遣いです。

お料理は、基本的に左手前からひと口分を切り、食べます。盛ってある料理の場合は、盛り付けが崩れないように、一番上をカトラリーで取り上げ、お皿の手前に置いてから食べます。

葉物は、カトラリーを使用し、その大きさに合わせて、二つ折りくらいにし、フォークに刺して食べます。刺しにくいときは、さらに葉物を増やし、厚みを作ると刺しやすくなります。ビーンズなど、フォークに刺しにくいものは、前述のとおりフォークの腹にのせて食べて構いません。

大きなお皿の上に、数種類の小皿などに盛られてくるオードブルは、小さなスプーンで食べる場合もあります。このとき、つい、小皿を持ち上げたくなるかもしれませんが、洋食ではお皿を持ち上げることはしません。気をつけましょう。

まとめ

作り手の思いを汲んだ食べ方をしてみよう

スープを食べるとき

洋

● 最低限おさえておきたいふるまい

スプーンを持ち、手前から奥にすくって食べる。丸いスープスプーンは横から、細長いスプーンは先端を口にして食べる。

ワンランク上の気くばり美人のふるまい

すくったあとに、スプーンの底をスープの表面に少しつける。

＊少しつけることで、スープの表面張力によってスプーンからスープが垂れなくなります。

スープは「飲む」ではなく「食べる」というのが正式です。

食べ方は、スプーンの形状によって異なります。先端が細くなっているスプーンは、その幅が人の口の幅に合わせて作られています。丸いスープスプーンも同様に、口の中にスプーンを入れ込まず、スープを口の中にそそぎ込むようにして食べます。また、吸う行為はおこなわないように注意してくださいね。洋食では、食事中に音を立てないで食べることもマナーです。

美しく食べるコツは、スープをすくったあとに、スプーンの底をスープの表面に少しつけること。特にポタージュスープなどは垂れやすいですが、こうすることで、垂れにくくなります。

残り少なくなり、すくいづらくなったら、スープ皿の手前を持ち上げスープを奥に寄せます。奥を持ち上げるのは、スープ皿の底を相手に見せることになりますからNGです。

スプーンは利き手で持ち、もう一方の手は、膝の上に置いておくのがイギリス式。テーブルの上に出すのはフランス式です。フランス式は、テーブルの下から攻撃をしない、安心安全の証として手を見える場所に出しておくという考えからなる型です。

まとめ

ちょっとのコツで美しく食べられる

パンを食べるとき

洋

最低限おさえておきたいふるまい

ひと口で食べられる大きさにちぎって食べる。
共有のバターは目上の人からとり、
自分の番がきたら自分のパン皿に適量をとる。

ワンランク上の気くばり美人のふるまい

前述に加えて、パンくずが落ちても
気にしない。

パンが出てきたら、そのテーブルの中で最上位の人が口にしたあとに、他の人も食べ始めます。しかし、人によってはパンを食べない場合もありますから、ここは様子を見ながら、ある程度、時間がたったら食べてもよいでしょう。できたての温かいパンもありますので、早めにおいしくいただくことも大切です。

共有のバターをシェアする際には、次の人に渡すときには「どうぞ」、いただいたら「ありがとうございます」と言って、次の人に「お先に失礼いたします」などの挨拶を必ず交わします。些細なことと思うかもしれませんが、テーブルマナーではこのようなコミュニケーションもとても大事なポイントですから、意識してみてくださいね。

パンくずは落ちるものですから、気にしすぎなくて構いません。のちにお店の人が綺麗にしてくれます。気にしないでその場を楽しく過ごして食べましょう。

お料理のお皿にあるソースをつけるときは、ひと口にちぎったパンをお皿の上に置き、ソースをつけてフォークで食べてみてください。もちろん手で食べてもＯＫです。

まとめ

気にしすぎないでよいこともある

メインディッシュを食べるとき 洋

最低限おさえておきたいふるまい

左端からひと口分に切り、そのつど切って食べる。
ステーキなどでも、最初にすべてを切ることはしない。

ワンランク上の気くばり美人のふるまい

前述に加えて、同じテーブルの人の
食べるテンポに合わせて、食べ終わりを
同じタイミングにする。

もし、一緒に食事をしている方が、貴女よりずいぶんと早く食べ終えてしまったら、どうでしょうか。早く食べなくてはと、焦るのではないでしょうか。相手にそんな気を遣わせないためにも、食べるテンポは周りの皆さんに合わせましょう。

洋食は、基本的に左端からひと口分ずつ切り、そのつど切って食べていきます。最初にすべてを切ってしまうと、たとえばステーキなら肉汁が出て素材の旨みや栄養分が損なわれてしまったり、お料理の温度が冷めてしまったりするため、NG行為となります。

骨付き肉は、最初に骨と身の間にナイフを入れて切り離し、左端から食べていきます。冷めると切りにくくなりますから、熱が残っているうちに切って食べるとよいですね。切れにくいときは、焦らずに、上からおさえている人差し指を少し前方にずらし、フォークで食材をおさえると切れやすくなります。

フィンガーボウルが出てきたら、〃手を使って食べてもいいですよ〃というサインです。フィンガーボウルは、汚した指を清めるためのものです。左右一緒に入れずに、片方ずつ、第一関節あたりまでを入れ、その後、ナプキンで拭きます。

まとめ

食べるテンポも気くばりポイントのひとつ

パスタを食べるとき

洋

最低限おさえておきたいふるまい

ロングパスタは、お皿の中、手前に置き、フォークに巻きつけて食べる。

ワンランク上の気くばり美人のふるまい

ロングパスタは、フォークに3〜5本程度取り上げ、前述のように巻きつける。その際、フォークは反時計回りに回す。

ロングパスタを食べるときに、片手にフォーク、もう一方の手にスプーンを持って食べるのは、パスタの本場、イタリアではおこないませんから、残念ながら正式な食べ方とは言えません。スプーンを受け皿のようにするのは、ソースがはねないようにするなどの配慮から、アメリカと日本でおこなわれている所作のようです。イタリアでは、ロングパスタは基本、利き手に持つフォークのみで食べます。

フォークへの巻き方は、お皿の中心部から、3〜5本程度をフォークで取り上げ、お皿の中、手前のスペースに置き、そこでフォークを垂直に立て、反時計回りにフォークに巻きつけます。手前にスペースがない場合は、食べる前にパスタを少し奥へと寄せて、手前にスペースを作ります。イギリスなどでは、ナイフでパスタを短く切り、フォークにすくって食べたりもします。

ペンネなどショートパスタの場合は、フォークに刺したり、すくうほうが取りやすいときには、フォークの腹にすくったりして食べます。ソースはお好みで程よく絡めていただきます。

なお、スープパスタを食べるときにはスプーンを使用して、スープを食べることになりますが、スープパスタは日本で作られたもの。イタリアにはないので、やはりスプーンを使用することはありません。

まとめ

上品だと思っていたことが、実は邪道のこともある

立食パーティー・ビュッフェでのふるまい 洋

最低限おさえておきたいふるまい

お皿とカトラリーをとり、オードブルから順にとる。
ひと皿には、二、三品をとり、冷製と温製を一緒のお皿に盛らない。

ワンランク上の気くばり美人のふるまい

前述のことは当たり前のこととして、事前に小腹を満たしておき、人との交流を楽しむ。

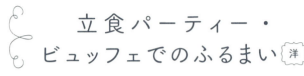

パーティーも、基本はみんなで楽しい時間を共有することが一番の目的です。ですから、「食べる」だけでなく、交流や会話を楽しめる余裕があると大人の女性の品格を感じさせます。

立食パーティーでは、ビュッフェスタイルでのお食事が多いです。文字通り、立っている時間がほとんどですから、足が疲れない靴を選ぶことも大切です。

ビュッフェでは、フルコースのメニュー同様に、オードブルから始まり、メインディッシュへと、右から左へと移動するようにお料理が並べられています。オードブルは三品、メイン料理は二品くらいをひとつのお皿に盛ると上品です。ひとつのお皿を食べ終えたら、ふた皿目は、また新たなお皿とカトラリーを使用します。

カウンターでは立ち止まらず、速やかにお料理をとって進みます。間違っても列に割り込むような行為はご法度です。また、よかれと思って、自分以外の人の分までお料理をとるのは、本来NG。それを知ったうえで、状況に応じた立ち居ふるまいを。型破りでも彼氏や同僚などに、デザートを盛り合わせたお皿をさりげなく持っていく気くばりは素敵です。

アフタヌーンティーをいただくとき 洋

最低限おさえておきたいふるまい

三段トレイのスリーティアーズは、下から真ん中、上へと食べ進めていく。手に持って食べられるサンドウィッチやスコーン、焼き菓子などは、手で食べる。

ワンランク上の気くばり美人のふるまい

前述のとおりふるまうが、食べ物に応じてそれに合う飲み物、紅茶の種類を変える。

アフタヌーンティーは、１８４０年頃に、イギリスのベッドフォード公爵フランシス・ラッセルの夫人、アンナ・マリア・ラッセルによって始められたといわれています。アフタヌーンティーは、まさに女性の社交の場として誕生したものです。食事に準ずるもので、サンドウィッチ、スコーン、ケーキなどのスイーツの順で食べるのが礼儀、マナーとなっています。本来のアフタヌーンティーは、よく見かける三段トレイではなく、ひとつの大皿にサンドウィッチ、その後、焼きたてのスコーン、最後にスイーツが、それぞれの客人に供され、客人は自分でその大皿から自分のお皿へととります。ホテルで見かける三段トレイのアフタヌーンティーは、実は簡略化されたカジュアルなスタイルなのです。

ひと口で食べきれないものは、ナイフで切って食べます。ローテーブルにソファなどの場所ではナプキンを太腿から膝にかけ、その上に小皿を置いて食べます。紅茶はソーサーを持って飲みます。

紅茶の種類は基本はお好みですが、たとえば、きゅうりのサンドウィッチには「キーマン」。エリザベス女王もお好きな組み合わせです。スモークサーモンには「ラプサン・スーチョン」。イギリスの上流階級に好まれた紅茶です。

まとめ

優雅なアフタヌーンティーも社交の場

お造りを食べるとき

和

最低限おさえておきたいふるまい

白身から食べ始め、徐々に脂身ののっているものに移動する。

ワンランク上の気くばり美人のふるまい

白身を食べたら脂身ののっているもの、次にまた白身を食べてから味の濃いものを食べる。

＊盛り付けは一般的には、左から味が淡白な白身からスタートし、時計回りに徐々に味の濃い刺身が並んでいます。味の濃いものから食べると、味の薄いものの味がよくわからなくなるためです。

淡白なものと味の濃いものを交互に食べるのは、とある高級店の料理長でいらっしゃる板前さんから教えていただいた食べ方です。さっぱりした白身を食べたら次は脂身のものを欲するだろう、その次はまたさっぱりしたものを食べて、またこってりに……という、体が欲することを想像してのおもてなしの心を感じたものです。一流の方は、基本を崩す守破離の心を持っているのですね。

わさびは、その風味を生かすため、お醤油に溶かさずお刺身に適量を直接置きましょう。穂じそなどの薬味は、お醤油の上に落とします。素材の味を生かすため、お醤油はお好みで少量つけるのがスマートです。

お醤油の垂れが気になる人は、お醤油の入った小皿を持って食べても構いません。ちなみに、お刺身を食べるときに使うお醤油の入ったお皿のことを「御手塩《おてしょ》」と言ったり、「豆皿」「刺しちょこ」と呼んだりもします。なかでも「御手塩」は、主に女性が使う女性言葉といわれています。

お刺身は、基本はひと口で食べます。白身やトロなど長さのあるお刺身は、二つ折りにすると、ひと口で食べやすいです。

まとめ

一流の人は「守破離」の心で基本を崩す

椀物を食べるとき

和

最低限おさえておきたいふるまい

蓋の裏についているしずくをお椀の中に落としてから蓋をとりテーブルの上に置く。まずは汁の香りを楽しむため、出汁から食べる。

ワンランク上の気くばり美人のふるまい

蓋を開けて置いたのちに、まずは具材を鑑賞する。

椀物は、会席料理のメインディッシュです。料理人もお店も、もっとも自信をもって選んだ器や具材を調理したもの。一つひとつを視覚、嗅覚、味覚で味わいましょう。

蓋のとり方は、利き手と反対の手で器を横からおさえ、利き手で蓋の糸底を横から持ち、少しひねるような感じで蓋をずらします。蓋の裏を自分側に向けて、お椀の中にしずくを落とします。次に、自分に向かって椀の上を通り、利き手と反対の手を添え、両手で持ちます。そのまま、糸底を下にして折敷《おしき》の右外側に置きます。傷をつけるという理由から、折敷の中には置かないとされています。また、器が大きかったりする場合は折敷の中には置けない可能性もあります。一方、折敷の外に置くスペースがない場合は、折敷の中に置くことになります。糸底に傷をつける可能性があるという理由から、糸底を上にして置くという説もありますが、現代は糸底を下にするのが主流です。

目でも楽しむという観点から、食べる前には具材を鑑賞し、汁と具材を交互にバランスよく食べていきます。食べ終わったら、蓋を両手で持って、元の形と同様に蓋をします。蓋の裏を上にして置かないように注意してください。

まとめ

目・鼻・口の三点セットで味わう

焼き物・煮物を食べるとき 和

最低限おさえておきたいふるまい

焼き物にはじかみや飾り葉がついているときは、お皿の奥に置き、左側からひと口大に切って食べる。

ワンランク上の気くばり美人のふるまい

前述のとおり食べたのち、残った魚の皮や骨は、お皿の左奥にまとめ、その上に懐紙や飾り葉をのせて隠す。

さりげなく気くばりのできる女性は、食べ終わりも美しいものです。

もし尾頭付きの魚であれば、まず、尾ひれ以外のひれを箸で取り除いてから、左から右へと上身を食べます。続いて、頭・中骨・尾ひれを持ち上げ、お皿の奥に置いてから、下身を左から右へと食べます。魚を裏返しにはしません。

ひれや骨、皮などは、お皿の左奥にまとめます。骨は折れるようなら小さく折って構いません。その上に懐紙や飾り葉をのせて隠してみてください。ちなみに、はじかみは、魚を食べ終わったあと、最後にいただきます。

煮物は「炊き合わせ」とも呼ばれ、野菜や魚介などの煮物を盛り合わせたもの。出汁の染み込んだ具材を味わう料理です。蓋がついていれば、椀物のときと同様の手順でとります。具はひと口大に切って食べます。煮物を食べるときに、こぼしそうだと思ったら、持てる小ぶりな器であれば持ち上げて食べます。大きな器のときには、蓋があればそれを小皿代わりにしたり、懐紙を受け皿にしたりします。汁が染み込まないように、懐紙にりゅうさん紙を挟んでおくと安心です。

まとめ

心美しい人は、食べ終わりのお皿も美しい

天ぷらを食べるとき

和

最低限おさえておきたいふるまい

箸でひと口大に切り、好みで天つゆや塩をつけて食べる。
箸で切れない硬いものは、噛み切る。

ワンランク上の気くばり美人のふるまい

前述同様に食べるが、噛み切ったときは、そのまま最後まで食べきる。
途中でお皿に戻すことはしない。

一度口をつけたものを途中でお皿に戻すと、噛み切った歯形を人様に見せることになるため基本的にはしないほうがよいですが、もしそうしなければならないときには「しのび食い」という作法をとります。しのび食いは、ついた歯形を消す食べ方。噛み切り歯型がついている箇所に対して、リスのように、その左右をちょこっ、ちょこっと、小さく噛み切ります。そうすることで、ついていた歯形が消えます。この状態にすれば、食べている途中でも、お皿に戻してよいと言われています。

天つゆで食べるときは、天つゆの器を持ち、多くても食材の三分の一くらいまでにつゆをつけて食べます。つゆをたっぷりつけるとカラッと揚がった衣が水分を吸ってしまい、揚げたての天ぷらの風味を失ってしまいます。天つゆの器を持ち上げないときには、小皿か懐紙を使用し、受け皿とします。手皿はしないように。

また、塩を使う場合は、必要な分だけ指でつまみ、お皿の左側に置き、揚げ物に好みの量をつけながら食べてもよいですし、直接ふりかけても構いません。後者のほうが一箇所につけすぎることなく、均等にカラッとしたまま食べることができます。

まとめ

「しのび食い」で美しさを保ちながら食べよう

お寿司を食べるとき

和

最低限おさえておきたいふるまい

白身や貝類など淡白なものから食べ始め、まぐろなどの赤身、トロやうなぎなどの味の濃いものへ移る。

ワンランク上の気くばり美人のふるまい

にぎりの前に、淡白な白身のつまみ（お刺身）から注文し、お酒とともにつまみを楽しむ。

お寿司も作り手の思いに沿った食べ方をしたいものです。

まずはネタを味わうために、お刺身をいただく。次にシャリ付きのにぎりでそのネタの味をシャリと楽しみ、その後、巻物でお腹を満たす。最後は、そのお店の自慢の出汁で作った玉子でしめる、という具合です。

お寿司はもともと手で食べるものでしたし、手で食べるほうがこぼしにくいということもあり安心です。手で食べるときは、親指と中指でシャリの両脇を持ち、人差し指をネタの上から軽く添えて、ネタの先端に少しだけお醤油をつけて食べます。シャリにはお醤油をつけません。

お箸で食べる場合は、お箸で両脇を挟み、少し斜めに持ち、ネタの先端にお醤油をつけ食べます。お醤油が垂れないように、もう一方の手に御手塩か懐紙を持ち、ひと口で食べるのがポイントです。もし、ひと口で食べることが難しいときは、ひと口食べたら残ったお寿司はお皿に戻さずにふた口目を食べます。

軍艦巻きは、下の海苔の部分に少しだけお醤油をつけてひと口で食べます。

まとめ

お寿司は出されたら、新鮮なうちにひと口で食べる

お蕎麦（せいろ・もり）を食べるとき 和

最低限おさえておきたいふるまい

蕎麦ちょこにつゆを四分の一程度入れる。
お蕎麦はひと口ですすれる量をとり、
つゆをお蕎麦の三分の一程度につけて食べる。

ワンランク上の気くばり美人のふるまい

最初は何もつけずにお蕎麦のみを食べる。

お蕎麦の正式な食べ方は、まずは何もつけずに、お蕎麦の味を味わいます。これは作り手への配慮からなる作法です。

次に薬味は、一気にすべてを入れません。こちらは、味の薄い薬味から一品ずつ蕎麦ちょこに入れてはその味を確認し、それぞれの味を楽しみます。わさびは、つゆに溶かさずにお箸に少量をつけ、お蕎麦と一緒に食べるという方法もあります。

また、食べるときは途中で噛み切らず、一気に食べます。ひと口ですすれる量は、お蕎麦は6本程度（うどんは3本程度）です。途中でつゆが薄くなったら、好みの濃さにするために注ぎ足します。

お蕎麦は「音を立てて食べるのもおいしさのうち」といいますが、程度があります。周囲の人が不快になるほどの音を立てないよう、すすりすぎは禁物です。音を立てず静かに食べるのは、すべての料理に共通するマナーです。特に海外の方は、すする食べ方を嫌いますので注意しましょう。

最後に蕎麦湯をつゆに入れ、お好みの濃度にしていただきましょう。蕎麦湯にはビタミンB1やB2が含まれているため、栄養補給にもなります。

まとめ

素材の味を大切に、楽しみながら食す

食事の作法にも思いやりの心が表れる

マナーは、人のみならず、ものに対しても思いやりの気持ちを持つ、その心の表れが、食事の作法にもなっています。

たとえば、和食は両手を用いてお椀などを大切に持ち上げます。これはもともと、日本では畳の上に膳が運ばれ、そこで食事をしていました。すると、お膳と自分との間に距離ができるため、お椀を丁寧に両手で持ち上げ、自分のそばに近づけて食べる、という型になったわけです。洋食は、椅子に座りテーブルの上にお料理があるため、テーブルに近づき、しかも、カトラリーを両手に持ち食べますから、お皿は持ち上げなくてもよいのです。

ちなみに、グラスに口紅がついたときは、そのままでOK。親指の腹で拭うともいわれていますが、破損や傷をつける恐れから、何もしないほうが無難です。口紅がグラスにつかないよう、事前にさりげなくティッシュオフしておくこともマナーですね。グラスを洗う立場にいらっしゃるお店の方からは、口紅がついているグラスは落ちにくいので、食事をするときには、口紅は事前に落とすという配慮を願いたい、という声もよく聞きます。

第4章

"OSAHOU" LESSON

"OSAHOU" LESSON

人付き合いの心得

お礼とお詫びをするとき

最低限おさえておきたいふるまい

お礼は「ありがとうございます」、お詫びは「申し訳ありません」と伝える。

ワンランク上の気くばり美人のふるまい

お礼は「恐れ入ります」、お詫びは「申し訳ないことでございます」と伝える。

お礼やお詫びは、形式だけ、上面の型でおこなうことではありません。相手に対する貴女の心を言葉と行動にのせて伝えるもの。相手に対する気持ちがないのに、その言葉を発することは、本来、失礼なことなのです。さりげない美しさを放ち、幸運を引き寄せる人は、内面の心と表面での態度が一致しています。心にもないことを言葉にし、見せかけだけの綺麗ごとや言葉を発する人に幸運の女神は微笑んでくれません。「心」「言葉」「行動」、これらの最初の言葉「こ」。そこで私は「3つのこ」と言っています。

言葉にも格があります。「ありがとうございます」は「恐れ入ります」、「申し訳ありません」は「申し訳ないことでございます」が、正式な言葉遣いです。しかし、なんとなく慇懃無礼に聞こえてしまうこともありますね。そういうときには、続けて「申し訳ございません」と言えば問題なく、より一層、その気持ちが伝わります。

お礼にもお詫びにも使用できる「すみません」。この言葉は、使用しないように注意しましょう。伝えたい気持ちは、その気持ちを直接表現する言葉を使ってまいりましょうね。

まとめ

心・言葉・行動の三位一体で信頼《ブランド》を確立する

贈り物をするとき

最低限おさえておきたいふるまい

季節の挨拶なのか、誕生日プレゼントなのかなど、用途や目的に応じて、相手が喜ぶものを選んで贈る。

ワンランク上の気くばり美人のふるまい

しきたり、慣習、行事などにとらわれることなく、そのときの状況や気持ちで贈る。

贈り物には、お祝いやお詫びなど、さまざまな用途や目的がありますね。もっとも大切なことは、儀礼的な贈り物ではなく、真にお相手を思う気持ちからなる贈り物であるかどうかです。目に見えない気持ちや心を、目に見える形や耳から聞こえる音、言葉にすること。時期にとらわれないことで、かえってサプライズとなり、印象に残る贈り物になるでしょう。

品物は、用途や目的によって異なりますが、お中元やお歳暮などでは、「自分がこれを贈りたい」という自分中心の思いではなく、相手に「これをお贈りしたら、日常でお役に立てる」かどうか、「喜んでいただける」かどうか、を考えた品物を贈ります。手書きのメッセージカードやお手紙を書き、贈り物に同封すると、一層気持ちが伝わりますよ。

贈る時期についても、それぞれに目安がありますが、それを過ぎたら贈ってはいけないということではありません。世の中に完璧な人はおりません。それぞれに事情があり、遅れるときもあるでしょう。たとえば、「お歳暮」の時期を逃したら、「お年賀」として。お年賀の時期を逃したら「寒中お見舞い」、それ以降は「余寒お見舞い」や立春の日の「立春大吉」などの機会があります。

まとめ

贈り物は時期にとらわれないでOK

贈り物をされたとき

最低限おさえておきたいふるまい

「ありがとうございます」とお礼の言葉を伝える。

ワンランク上の気くばり美人のふるまい

お礼の言葉を伝えたあとに、「嬉しいです」などの気持ちを伝える。

リボンがついていたら、その場で開けて、さらに感想を伝える。

贈り物をされたら、まずはお礼からスタートしますね。このときに、心がともなっていないと、形だけの儀礼となってしまいますから気をつけましょう。貴女のことを考えて選び贈ってくれたものです。ありがたいとか、喜んでいるという目に見えない気持ちを、相手に伝わるように言葉と表情、態度などで示してまいりましょう。また、単にお礼を伝えるに留まらず、言葉を続ける、ということをおこなってみてください。たとえば、「わぁ、こちらのお菓子、食べてみたかったんです」という感じです。このような感想も伝えると、相手も贈ってよかったとホッと安心することでしょう。

リボンは、その場で開けてお礼を言ったり喜んだりして一緒にコミュニケーションをとる文化。日本のかけ紙は用途を伝えたり、相手へ献上するという敬意を表したりしているので、その場では開けません。

自宅などに送られてきたときには、相手との関係性に応じて、すぐに電話やメールなどでお礼を伝えます。お礼状を出すときは、到着後、三日以内に送ります。お返しが必要な場合は、お返しを贈りますが、お中元やお歳暮は、日頃お世話になっている人へ贈るものですから、返礼は無用です。ただし、お礼のお返しをしようと思えば、おこなってもよいです。

まとめ

感謝の気持ちを表情や態度で表現する

結婚披露宴など招待状の返信葉書を送るとき

最低限おさえておきたいふるまい

「御」や「御芳」などの自分に対する敬語の箇所を二重線で上から削除する。表書きの宛名「行」にも二重線を引き、「様」と書き換える。

ワンランク上の気くばり美人のふるまい

前述のことに加えて、「出席」「欠席」などの箇所に、ひと言メッセージを書く。

返信葉書は、差出人が受取人に対し、敬意を表した書き方で印字されています。そこで、受取人は、自分に対する敬語を必ず消してから投函をすることを忘れずにおこなう必要があります。「御」や「行」の一文字を消すときには、右上から左下へと斜めに二重線を引いて消しましょう。「御欠席」や「御芳」などの二文字以上は、まっすぐな二重線にします。このときに、面倒かとは思いますが、定規で線を引くと美しいですね。また、消す文字の上に結婚式であれば、「寿」という印を押印したり、シールを貼ったりするアイデアもあります。ただし、シールは郵送中にはがれないように気をつけて。

出席の場合は、縦書きならその右上に「喜んで」、欠席の場合は「残念ながら」とひと言書き、「出席」の印字の下には「させていただきます」、「欠席」の印字の下には「いたします」と書き添えます。欠席の理由は詳細を書かなくてよいです。

メッセージは「ご結婚おめでとうございます　当日　素敵なお二人のお姿を拝見できますことを心待ちにいたしております」「当日は止むを得ない事情で　伺うことが叶いませんが　素晴らしいお式になりますことを　祈念いたしております」など。慶弔事には、句読点を打たないで書きます。

まとめ

相手を敬う気持ちを文字で表す

ご祝儀を贈るとき

最低限おさえておきたいふるまい

中袋の表面に金額、裏面に郵便番号、住所、氏名を書く。

ワンランク上の気くばり美人のふるまい

中袋の表面に「ご結婚おめでとうございます」とひと言メッセージを書く。裏面には、左下に金額、郵便番号、住所、氏名を、中心線右に「ありがとうございます」と書く。

ご祝儀は、以前は遅くても結婚式の一週間前くらいまでに、ご自宅にお届けすることが正式でした。しかし遠方の方もいらっしゃいますから、近年では、式の当日に持参するのが一般的になっています。

中袋の表には金額を書くのが一般的ですが、右ページでご紹介したように、メッセージを書くとさりげなくお祝いの気持ちを伝えられます。中袋裏面の「ありがとうございます」は、ご招待くださったこと、また、ご祝儀袋を開封くださっていることなどに対する感謝の気持ちです。

金額は「参萬圓」など漢数字で書きます。金額の最後に「也」をつけるかどうかは、現代はどちらでも構いません。「也」は、以前、「円」以下の「銭」などの単位があった頃にこの「也」をつけることで、ここまで、という意味がありました。現在は円で終わりますので、特段、「也」をつける必要はないと言えます。

紙幣は新たな門出、お祝いの気持ちをこめて新札を入れます。入れ方は、中袋の表に紙幣の表面の肖像や図柄が上に位置し向くようにします。表書きは、用途に合った言葉を、黒墨か黒の筆ペンで丁寧に楷書で書きます。

まとめ

ご祝儀袋の中でも貴女の思いを伝えてみて

ご祝儀の金額・袋の選び方と包み方

最低限おさえておきたいふるまい

偶数は割り切れるため、「別れ」を連想させるということから、奇数の金額を贈る。

ワンランク上の気くばり美人のふるまい

二万円を贈るときには、一万円札を一枚と五千円札を二枚の、計三枚で奇数とする。八は、末広がりの意味でよしとする。

同僚や友人の結婚披露宴に参加する場合のご祝儀の一般的な相場は、三万円。これは、御祝金として一万五千円から二万円、お料理代として一万円から一万五千円、という内訳から考えられています。したがって、贈り物の品はあえて贈らなくても問題はありません。もちろん、親しい友人などの場合は、別途、お品物をお贈りしてもよいでしょう。また、近年はカジュアルなレストランなどでの披露宴もあるため、この場合は、お料理代を五千円とし、お祝い金を一万五千円、計二万円というケースも少なくありません。

ご祝儀袋は、金封ともいいます。ご祝儀袋は金額にマッチした金封を選びましょう。金額が多くなるほどに、豪華な水引であったり、金封自体のサイズを大きくしたりする場合もあります。水引の色は、紅白、金白が主流です。また、慶事の場合、ご祝儀袋の裏は、上側の折り返しに下側が重なるように折ります。「喜びの天に向かって折る」と覚えておきましょう。

水引は、結婚祝いなど、一度きりのお祝い事のときは、「結び切り」。何度あってもよいお祝い事には、「蝶結び」の水引を選びます。「結び切り」の変形となった「鮑結び」もよいでしょう。

まとめ

ご祝儀は偶数でよしのこともある

お祝いの品を贈るとき

最低限おさえておきたいふるまい

お祝いの品は、「切れる」「壊れる」を連想させるものは控える。

ワンランク上の気くばり美人のふるまい

相手との関係性に応じて、訊けるのであればリクエストを伺い、そちらを贈る。

*ご本人が、包丁などの「切れる」を連想させるものを希望の場合は、それを贈っても問題ありません。

結婚祝いの品物は、相手との関係性によっては、結婚式や披露宴に参列をし、ご祝儀を渡す場合は贈らなくても構いません。親しい間柄の場合は、お品物を贈り、かつ、式や披露宴のときにご祝儀もお渡しします。

贈り物は、正式には手渡しをするといわれていますが、遠方であったり、時間がなくそれが叶わなかったりする場合は、宅配で問題ありません。その際に忘れてはいけないのが、自筆のメッセージカードやお手紙です。それに、貴女の気持ちをしたためます。

品物は、相手が欲するものを贈ってもよいですし、貴女がその相手との関係性を考えて最良と思うものを贈ってもよいですね。慣例にしばられすぎずに、相手が喜ぶものを贈りたいものです。

新婚生活で役立つ実用的なもののほか、記念となる置物も、年月を重ねるごとに、当時を思い出させてくれる貴重な思い出の品となります。私も、結婚祝いでいただいた贈り物のお品は、今でも大切にそれを見るたびに、贈ってくださった方々のお顔が思い浮かび、感謝の気持ちでいっぱいになります。

まとめ

相手を思えば型通りでなくても構わない

結婚式に参列するとき

最低限おさえておきたいふるまい

家族や親戚の結婚式であれば正礼装、親友など親しい関係であれば準礼装で参列し、控え室で時間がくるまで待つ。

ワンランク上の気くばり美人のふるまい

前述同様の服装で参列し、控え室では、参列者の方々へ自ら挨拶をしにいく。

結婚式に参列する人は、新郎新婦と縁の深い特別な人たちです。中には知らない人もいらっしゃるでしょうが、そういうときには、「あの人はだれ?」と憶測するのではなく、自分から先手でご挨拶にいきましょう。

「はじめまして。私、新婦の○○の妹の△△と申します」「私、新婦の○○さんと会社で同期の□□と申します」などと名乗れば、相手も名乗るでしょう。

そして、たとえば、貴女が新婦の同期の場合で、先方が新郎の弟の場合は、「このたびはおめでとうございます」とご挨拶をします。相手がどのような立場の人かによって、ご挨拶の言葉も変わりますね。

披露宴までに時間があるときなどは、お菓子を持参しておき、控え室で皆さんに差し入れをするのもよいでしょう。

身だしなみは、新郎新婦に恥ずかしい思いをさせないように、式に参列する特別な人という意識をもって臨みましょう。ハンカチは、薄いピンクやクリーム系でレースのついたものを選んでおくと便利です。

まとめ

お祝いの場所では、いつも以上に微笑みを

披露宴の受付で

最低限おさえておきたいふるまい

「このたびはおめでとうございます」と受付の人にお祝いの言葉を伝える。

ワンランク上の気くばり美人のふるまい

お祝いの言葉に加えて、「お招きいただきありがとうございます」と受付の人に感謝の気持ちも伝える。

ご祝儀袋は、必ず袱紗《ふくさ》に入れて持参しましょう。本来の袱紗は、風呂敷よりも小さいサイズのもので、その包み方は、慶事と弔事では異なります。

慶事の包み方は、袱紗の中央やや左寄りにご祝儀袋を置き、まず左から右へ、続いて上から下、次に下から上、最後に右から左へ折ります（右側に山ができます）。陰陽の「陽」である右側が綺麗に出るように折ります。弔事の場合はその逆で、右、下、上、左の順にたたむので、左側に山ができます。

包むのが面倒であったり、難しいと感じたりする人は、簡易な「はさみ袱紗」や「差し込み袱紗」もあります。これらを使う場合も、慶事の場合は、右側に山がくるように配慮してください。ご祝儀袋は、袱紗の上に自分向きに置いておき、お渡しするときに相手正面に向けます。

受付の人にも、微笑みでご挨拶をし、記帳をするときも微笑みながらおこないましょう。「お招きいただきありがとうございます」という、受付の人への言葉も伝えると、より一層あなたの心遣いが輝きます。

まとめ

お祝いの気持ちを袱紗や微笑みでも表現する

祝辞やスピーチを頼まれたら

最低限おさえておきたいふるまい

自分に何を期待し望まれているのかを新郎新婦に訊いておき、その気持ちにお応えするスピーチをおこなう。

ワンランク上の気くばり美人のふるまい

会場の皆さんに語りかけたり、新郎新婦を交えたりして、みんなでその場を楽しく盛り上げる参加型スピーチをおこなう。

披露宴でスピーチや余興を依頼されると、自分の出番のことで頭がいっぱいになる人も多いのですが、それはある種のマナー違反。お気持ちはよくわかりますが、主役は新郎新婦。貴女のスピーチや余興がメインではないのですね。よく「人前に出るのは緊張する」とおっしゃる方がいらっしゃいますが、それは、気持ちが自分に向いているから緊張するのです。「失敗したら恥ずかしい」「みんなに評価してもらいたい」など、意識の矛先がすべて自分に向いています。これは「自分中心」といえますね。

そうではなくて、「相手の立場にたつ」という「相手中心」の心があれば、「出席者の皆さんを飽きさせないように」「新郎新婦へのお祝いを伝える」という気持ちで臨むことになりますから、緊張しないのです。普段通り、たとえばＬＩＮＥで友に送るお祝いメッセージ同様の気持ちで臨みましょう。貴女には、新郎新婦を心から祝福する御心があるのですから。

私は「マナーリトミック®」を用いて、新郎新婦や出席者の皆さんと楽しく歌いながら手を動かし、リラックスしていただいたあとに、新郎新婦の素晴らしい面を1分以内で簡潔にお話しすることがあります。参加者の皆さんには話をきく姿勢が生まれ、記憶に残る祝辞となります。

まとめ

既存の枠にとらわれないオリジナルな祝辞を贈る

お通夜に参列するとき

最低限おさえておきたいふるまい

黒や濃紺など、ダークな色のスーツかワンピース、もしくは、喪服で参列する。ストッキング、バッグ、靴も黒。

ワンランク上の気くばり美人のふるまい

バッグも靴も布製のものを選ぶ。葬式にも参列する場合、通夜用と葬式用の二種類のバッグを用意し、葬儀のほうをよりフォーマルにする。

以前は、通夜に喪服を着ていくことは、「不幸を準備していた」という理由からNGでした。これは、以前は亡くなったその日の夜に通夜をおこなうことが多かったためです。

現代では、亡くなってから、一日、二日目くらいに通夜をおこなうことも多くなりました。つまり、訃報を受けてから通夜までに時間があるということ。そのため、先の理由は通用しません。近年の通夜はほとんどの参列者は喪服で参列します。

また、通夜翌日の葬儀、告別式に参列できない場合は、通夜が最後のお別れの場となりますから、故人やご遺族に対する敬意を表するためにも、喪服での参列でも失礼にはあたりません。

メイクは、片化粧といわれる薄いメイクで。アイシャドウやチーク、口紅など、色をつけないのが正式。ハンカチは、真っ白か、黒、グレイのレース付きのものを用意しましょう。

小物は、正式には布製のものを選びます。革製品は殺生をイメージさせるため控えることをおすすめします。靴もバッグも黒い布製のものを着用している人には、故人やご遺族に対する深い礼を感じます。

まとめ

大人の女性はバッグと靴も布製を選ぶ

通夜・葬式の受付で

最低限おさえておきたいふるまい

不祝儀袋には「御霊前」と書く。

ワンランク上の気くばり美人のふるまい

不祝儀袋の表書きは宗教、宗派に応じた表書きにする。不祝儀袋の中袋の表に「心より お悔やみ申し上げます」などの一筆を添える。

受付の人に丁重に一礼をし、小さな声でお悔やみの言葉を伝えます。このとき、語尾まではっきり言うともいわれていますが、私は「気持ちを言葉にのせる」という真心マナー®の精神に則れば、語尾は小さく、言葉にならない程度に自然になると思います。「通夜だから行く」という形式的な儀礼ではなく、「故人への感謝」や「ご遺族に対する敬意」などから参列する気持ちを、言葉や表情、態度に表します。

不祝儀袋の表書きは、薄墨で書くのが一般的です。宗派によって表現が異なるため、先方の宗派を確認しておくとよいでしょう。一般的には仏式なら「御霊前」ですが、真宗、浄土真宗は「御仏前」、プロテスタントは「御花料」と書きます。神式は「御榊料」が一般的です。

仕事関係で代理参列の場合は、上司などの名刺の右上に「弔」、自分の名刺右上には「代」と書いたものを不祝儀袋とともにお渡しします。記帳をするときには、まずは上司の氏名を書き、次の行下に少し小さめの文字で「代」と書き、半角空けて自分の氏名を書きます。夫の代理で参列する場合は夫の氏名を書き、その左下に小さく「内」と書きます。この場合は自分の名前は書きません。

まとめ

故人の宗旨に合わせたスタイルでお別れする

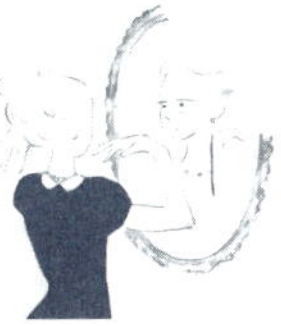

お墓まいりをするとき

最低限おさえておきたいふるまい

お墓の周りの雑草などを清掃し、墓石に傷をつけないように拭く。

ワンランク上の気くばり美人のふるまい

よそ様のお墓の前を通るときでも会釈の姿勢で歩き、敬意を表する。墓石の上にあがるときには靴を脱ぎ、清掃する。

今の自分があるのは、ご先祖様のおかげさま。ご先祖様を大切に敬い感謝することで、不思議と思ってもみないよいことが起きます。

お墓は亡くなった方の「お家」という考え方になっています。ご先祖様たちは、ご自分のお家を綺麗にお掃除したくてもできませんね。そこで、私たちがそのお気持ちを察してご先祖様たちのために綺麗にする。そして、天から見守ってくださっていることに感謝する。その気持ちを、お供え物や供花という目に見える形で表現をするわけですね。

ご先祖様は、貴女のそのお気持ちに対して感謝の気持ちを形にしてくださいます。墓石にあがるときは、靴を脱ぎ、スリッパに履き替えてもいいですね。お供え物には、下に白い半紙を敷きます。ご先祖様たちは、香りを召し上がるといわれていますので、お酒などは蓋を開けてお供えします。お線香などの火の取り扱いには十分注意し、お供え物は持ち帰ります。

また、墓地には当然ながら、他のおうちの方々のお墓もありますから、そちらへの気くばりも忘れないようにしたいものです。

まとめ

お墓でもよそ様への配慮を忘れない

慶事と弔事が重なったら、弔事を優先で

現世における故人との最後の対面の場であるお葬式は、大変重要な場です。特に親しい方や、仕事上の重要なお取引先の場合など、訃報を受けたら、通夜や葬儀、告別式に参列する場合でも、電報や供花の手配をおこないます。供花は斎場に問い合わせると、どのような葬儀にするのかがわかりますから、手配がスムーズにいきます。その際に、宗旨の確認をすることで、不祝儀袋の表書きも失礼のないように準備することができますね。通夜ぶるまいに誘われたら、遠慮せずに参加し、「献杯」をし、故人を偲びます。もちろん、無理に参加することはありません。故人を偲ぶ気持ちは、それぞれの形がありますから、強要することではありませんね。

慶事のプラスアルファのアイデアもご紹介します。私は可愛い秘書などの結婚時のご祝儀には、別途、「一万一千二百二十円」を贈ります。この金額は、偶数で割り切れるほか、小銭まで入っており大変失礼なイメージになりますが、「いい夫婦」を数字で表したものなのです。この謎解きをした秘書たちは、感動してくれます。形式やしきたりを超えた、気持ちからなるものは、相手様の心に響き、生涯よき思い出として記憶に残していただけます。

第5章

お便り、SNS
コミュニケーション
の心得

手紙を書くとき（基本）

最低限おさえておきたいふるまい

前文（頭語・時候の挨拶）、主文、末文、後付（日付・署名・宛名）の構成で、定型文を用いて書く。

ワンランク上の気くばり美人のふるまい

相手様に呼びかけるときのお名前は行頭から、自分のことを書くときは行末から書き始める。

現代はメールやＳＮＳの時代だからこそ、自筆のお手紙の価値も高まります。相手を思いながら便箋や封筒を選ぶことも、心が充たされる時間です。

字が下手だからと手紙を書くことを苦手となさる方もいらっしゃいますが、意識を集中させ、心をこめて書くことでその気持ちが相手に伝わることでしょう。とはいえ、丸文字は稚拙な印象を与えてしまいます。美しい字は読み手の気持ちを微笑ませてくれるので、大人の女性として美しい字を書けるように学ぶお姿もそのお気持ちも素敵です。そんな女性はきっと輝き幸せが舞い込んでくることでしょう。

構成は、前文といわれる頭語と時候の挨拶、主文、末文と呼ばれる結びの挨拶、後付には、日付・署名・宛名とします。目上の方には「追伸」は使用しないように気をつけます。

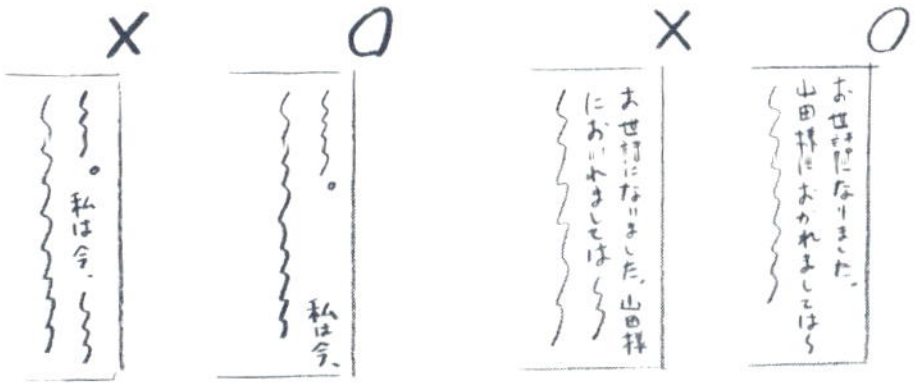

まとめ

相手を思う気持ちを手紙に託してみよう

手紙を書くとき（時候の挨拶）

最低限おさえておきたいふるまい

「新春の候」「初夏の候」「師走の候」など、その月の決まった慣用句を使用する。

ワンランク上の気くばり美人のふるまい

月の上旬、中旬、下旬に合った言葉を使用する。一月の上旬は「松の内の候」、中旬からは「寒中の候」、下旬には「大寒の候」など。

現代は、ＳＮＳの普及により、用件を簡潔に書くことを求められる時代となりました。しかし、相手への思いやりの気持ちを文字で伝えるときには、文字数は多いほうが伝わります。

メールでは不要とされている時候の挨拶ですが、その季節に応じた言葉は、大変美しく癒されます。気持ちを落ち着かせて、筆をとり、少し目を閉じてみてください。普段気がつかない鳥や虫の鳴き声、空気の香りなどを感じませんか。貴女が感じたままを前文に書けば、それが時候の挨拶となります。はじめは慣用句を覚える意味において慣用句を使用してもよいですが、慣れてきたらご自身で感じたことを貴女の言葉で伝えると、一層心のこもったお手紙になります。ちなみに、「〜の候」は、あらたまった手紙やビジネス文書で使用。「時下ますますご清栄のことと存じます」の「時下」は、どの季節でも使用できます。

四季のある日本では、季節に触れた言葉は美しい伝統といえましょう。なお、お見舞いやお詫びのお手紙の場合は、それぞれに目的がありますから、時候の挨拶は不要といわれています。

まとめ

感じた季節を言葉・文字にしてみる

封筒の宛名の書き方

最低限おさえておきたいふるまい

和封筒は、縦書き。洋封筒は、横書きにする。
宛先も差出人も、郵便番号は必ず書く。

ワンランク上の気くばり美人のふるまい

前述に加え、封筒のバランスを見ながら、
文字の大きさなどを考え、
美しいレイアウトで書く。

たかが封筒、と思われるかもしれませんが、相手のお名前を美しく記すことで、貴女の品格もあがります。美しいレイアウトにはコツがあります。

最初に軸となるお名前を書き、そこからバランスをとり、住所などを書くのがコツ。縦書きの場合、右端に住所を書き、二行になるときには、一行目の一文字目と二文字目の間の高さから書き始めます。

最初にお名前を書くと、中心となる軸が決まるため、全体のバランスを考えながら書けるので、美しいレイアウトになります。お名前はもっとも大きな文字で書いてください。肩書きを書く場合はお名前と同じ行の上に、お名前よりも小さく入れます。洋封筒は、横書きにしますが、書き方は同じです。

差出人の情報は、裏に書きます。和封筒は、裏の中心より右に住所を、左に名前を書きます。左下にこれらを書いても間違いではありません。洋封筒は、中央下に書きます。封はセロハンテープなどは使用せず、表から見えないように両面テープかのりで閉じます。和封筒には、「〆」「緘」と書き、洋封筒には欧米式にシーリングスタンプを押すと素敵です。

まとめ

バランスよく美しく、心をこめて封をする

葉書を書くとき

最低限おさえておきたいふるまい

前文、主文、末文の三部構成で書く。

ワンランク上の気くばり美人のふるまい

相手やその目的に応じて、頭語と結語を書くなどの使い分けをする。季節に応じて葉書の絵柄と切手の柄を合わせる。

*切手を持ち歩いていると、旅先などで素敵な絵葉書を見つけたとき、大切な人にその場で書いて送ることができますね。

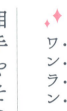

葉書は、手紙よりも簡易な書簡です。構成は、「前文」「主文」「末文」の三部からなります。前文では、季節や相手のご健康などを伺う挨拶を書きます。主文では、伝えたい内容を書きます。たとえばお礼状であれば、何に対するお礼なのか、また、それに対して、「大変おいしくいただきました」など具体的な内容も記すと喜ばれます。末文は、相手のご健康やご多幸をお祈りする言葉などを伝えます。

頭語や結語は、相手との関係性などに応じて、前略や拝啓など、使い分けます。簡易的であれば、「一筆申し上げます」に「かしこ」が、女性のみが使用できる言葉です（頭語と結語のバリエーションは１８８ページへ）。また、葉書の絵柄と切手の柄をおそろいにしたり、季節に合わせたものを選んだりして送ると、風情を感じていただけますね。

ちょっとしたお礼や、旅先から相手を思う気持ちなどをしたためて送ることのできる葉書は、気持ちが伝わりやすいうえに、相手の立場にたてば、開封のお手間をとらせることなくひと目で読むことができるコミュニケーションツールとして素敵です。

まとめ

切手選びのひと手間で貴女の素敵度がアップする

年賀状を書くとき

最低限おさえておきたいふるまい

賀詞と、旧年のお礼や感謝、今後も変わらずお付き合いを願う文を書き、元日に届くように投函する。

ワンランク上の気くばり美人のふるまい

一般的な年賀状の定型文のほかに、相手に応じたひと言を自筆で添える。

＊「一月後半に 新年会をいたしましょう」「本年は お嬢様も社会人となり おめでたいことが続きますね」「プロジェクトのご成功を祈念いたしております」など。

年賀状に、句読点は不要です。もともと、日本では文を書くときに句読点はありませんでした。しかし、それでは読みにくい、内容に誤解などが生じる可能性があるということから、句読点をうつようになりました。しかし、これは「区切る」という意味合いから、現在でも、慶弔に関する文章にはつけないのが正式とされています。

年賀状は、新年を迎えたお祝いを伝えるため、賀詞を書きます。賀詞には「賀正」「迎春」などの漢字二文字のものや、「謹賀新年」「慶賀光春」などの四文字、また、「あけましておめでとうございます」などの文があります。目上の方には「謹んで新春のお慶びを申し上げます」などの文がもっとも丁寧で敬意を表するため適しています。

また、「新年あけましておめでとうございます」と書くことも控えたほうが無難です。「新年」という文字には「明ける」という意味が含まれているという説があるため、二重に伝えることになるからです。とはいえ、NHK放送文化研究所では完全な間違いとは考えていないとしています。口頭で使用するにはいいのかもしれませんね。

まとめ

型をおさえつつ、ワンポイントで差をつける

メールをするとき

最低限おさえておきたいふるまい

一行は30文字程度にする。

ワンランク上の気くばり美人のふるまい

一行を20文字以内にし、読む人の目を横に動かさないように配慮する。日時や場所を書くときには、◆や●などの目立つ記号を行頭に用いて、目に留まりやすくする。

以前は手紙や葉書と比べて、簡単にコミュニケーションがとれるツールとして重宝されたメールですが、今や、LINEをはじめとするさらに簡易なツールの誕生で、メールは決められた一定のルールに則り、丁寧に書くことが主流になっています。

件名には、伝えたい内容の見出し的な内容を書きましょう。たとえば、「4月1日の定例会の件 ウイズ 斎藤」という感じです。一行目には、社名や名前をフルネームで書き、ビジネスメールであれば、「お世話になっております」からスタートするのが定番となっています。私は「○○様 いつも大変お世話になっております」と、相手の名前を呼びかけ、「いつも」と「大変」をトッピングして書き始めるようにしています。そうすると、他者との違いを感じてくださり、即、返信をしていただけます。

目上の方には、追伸はNG。伝えたい情報は、本文中に盛り込みます。また「!」も控えましょう。馴れ馴れしすぎると感じる方もいらっしゃいます。署名には、氏名、住所、電話番号などの情報を記載します。住所の前に郵便番号を書いておくと、受信者が郵便物を発送したいときに、メールを見れば必要な情報があり便利です。

まとめ

受信者の立場にたって考える

LINEを書くとき

最低限おさえておきたいふるまい

ひとつの投稿は二、三行。長くても、五行程度におさめる。それ以上の長文になるときには、その投稿内で一行空ける。

ワンランク上の気くばり美人のふるまい

内容ごとに新たな投稿を作成。日時や場所、URLやメールアドレスなどの情報を伝えるときは、その情報のみを新規投稿する。

気軽にコミュニケーションのとれるツールだからこそ、さまざまな相手の立場にたつ気くばりが必要ですね。LINEもメール同様に、相手に読んでもらえる書き方、読もうと思ってもらえる書き方は大切なことです。内容ごとに新規の投稿を作ることで、のちに受信者が情報を確認したいときなど、目に留まりやすく探しやすくなります。

LINEも、頭語や結語は不要です。いきなり用件から書き始めても、なんら問題はありませんが、「おはようございます」や相手によっては、「お疲れさまです」「お世話になっております」などの挨拶言葉から始めると、続きを読み進めてもらえます。用件から書き始めると、今の自分にとって優先順位が低いと思われたら、スルーされてしまう可能性が高くなります。挨拶から始まると「ん？何？」と相手に興味、関心をいだいてもらえるわけです。

グループLINEでは、全員が共有すべき内容を投稿し、個別の内容は書かないように。スタンプは気持ちが伝わりやすく、相手も癒されたり、楽しめたりもします。相手に応じたセンスある上手な使い分けで、信頼関係を築いてまいりましょう。

まとめ

気くばり美人は、センスある使い分けができる

LINE返信のマナー

最低限おさえておきたいふるまい

読んだら、相手が心配しないように、すぐに何らかの文字か絵文字を返信する。

ワンランク上の気くばり美人のふるまい

読んだらすぐに返信をするが、返信に時間を要す内容の場合は、「のちほど、ご返信いたします」などのひと言を送信する。

今やビジネスシーンでも使われることのあるＬＩＮＥ。可愛いスタンプなどもあり、気持ちを伝えやすい点も人気です。このＬＩＮＥ誕生は、２０１１年に発生した東日本大震災に由来します。当時、震災の影響から電話やメールなどの通信手段が停止されました。大切な人たちと連絡の取れない状況は、震災という大きな痛手に加え、不安や困惑など精神面にも大きな打撃を与えます。そこで、どのような過酷な状況にあっても、スムーズに連絡を取り合うことができるように、という思いをこめて開発され、世に誕生したのがＬＩＮＥなのです。

既読の機能は、トラブルの要因にもなっていますが、ＬＩＮＥから既読機能がなくならないのは、相手がメッセージを読んだかどうか、その安否確認のためでもあります。このような素晴らしい機能のＬＩＮＥです。使用に際し、トラブルを生み出すことは大変悲しいことです。安心、平和、互いの幸せのために使用しましょう。

「既読になっているのに、返信がない」といって、相手を批判するのはマナー違反。返信するかしないかは、相手次第です。相手の事情や気持ちを配慮できる人は、幸せになれます。

まとめ

返信してくれたら心から感謝

SNSで投稿するとき

最低限おさえておきたいふるまい

特定の人物や会社などを傷つける批評批判や、会社や仕事上の内部情報などを投稿しない。

ワンランク上の気くばり美人のふるまい

前述のことに加え、読者が癒され、笑顔になれるように心がけた内容を投稿する。

読者に役立つ、有益となる内容を投稿する。

ブログやＴｗｉｔｔｅｒ、ＦａｃｅｂｏｏｋなどのＳＮＳでの投稿は、瞬時に全世界に配信される情報ツール。言論は個人の自由ではありますが、品のある女性の投稿には、真心のマナーがともなっています。素敵な女性の投稿は、読者に元気や癒しを与えます。ネガティブワードは使用せずポジティブワードを使用します。

令和の天皇陛下の即位礼正殿の儀の際に、日本の首相夫人の服装について、ＳＮＳで議論が交わされました。私もテレビの報道番組からその服装のマナーについてコメントを求められました。それは、決して首相夫人を批難する意図ではなかったのですが、そう受け取る人もいないわけではありません。多くの人たちが日本の首相夫人の服装について投稿している中、世界中の王室や貴族と交流のあるロンドン在住の貴婦人、松田さと子さんは、王室などのファッションのマナーにお詳しいにもかかわらず、そのことにはひと言も触れることなく、その儀式に参列なさった諸外国のプリンセスの服装をおほめになるコメントを連日発信なさっていらっしゃいました。美しく、素敵なパートナーと幸せに優雅な生活を送っていらっしゃる人は、やはり本物のマナーを身につけているのだとあらためて思ったものです。

まとめ

品性は、ＳＮＳの投稿内容に品格として表れる

頭語と結語を使い分けてみよう

一般的な頭語は「拝啓」、結語は「敬具」。返信するときの頭語は「拝復」、結語は「敬具」です。

ワンランク上をめざしたいなら、相手やその手紙の目的に応じて、使い分けられると素敵ですね。主に女性が使用する頭語の「一筆申し上げます」や結語には「かしこ」を使ってみるところから、始めてみてはいかがでしょうか。

	頭語	結語
一般的な手紙	拝啓・拝呈・啓上・一筆申し上げます	敬具・敬白・拝具・かしこ
改まった手紙	謹啓・謹呈・恭啓・謹んで申し上げます	謹言・謹白・敬白・かしこ
急用の手紙	急啓・急呈・急白・取り急ぎ申し上げます	草々・不備・不一・かしこ

返信の手紙	拝復・謹復・複啓・お手紙拝見いたしました	敬具・敬答・拝答・かしこ
再信の手紙	再啓・再呈・たびたび失礼ながらお便り申し上げます	敬具・拝具・敬白・かしこ
前文を省略する手紙	前略・冠省・前略ごめんください	草々・不一・かしこ
お詫びの手紙	何よりもまずお詫び申し上げます	敬具
初めての手紙	拝啓・拝呈・初めてお便りを差し上げます・突然お手紙を差し上げる失礼をお許しください	敬具・拝具・かしこ

※マーカーは、主に女性が使う表現です。

なお、頭語だけを書き、結語を書き忘れる、ということがないように注意してください。意外と結語を書き忘れる方は多いものです。

遅れたとしてもお礼はしてみよう

年賀状やお中元、お歳暮などをいただいたあとの、返信やお礼のタイミングを逃したら、その後は失礼だと思い、何も連絡できない、しない人も多いようですが、それは、人間関係において大変もったいないことです。

実は私は、あまり時期にこだわりをもっていません。むしろ、時期を重視するあまりに、心をこめることなく、形式だけの「儀礼」的コミュニケーションは、ノーサンキューのタイプです。

これは、人それぞれのお考えがあるでしょうから、ご自身のお考えを尊重していただきたいと思っています。しかし、ひとつ言えるのは、時期やしきたりにこだわり、感謝の気持ちを無視しておこなっても、幸せにはなれないということです。

私は、忙しいということもあり、ゆっくりと心をこめて年賀状をお出しできないこともあります。そのため、立春の日に届くように「立春大吉」としての葉書を送っています。この時期は大量に葉書が届く時期ではないため、相手様にきちんと目を通していただけます。あえて時期を遅らせることで、心に留めていただけることもあるのです。

第6章

"OSAHOU" LESSON

"OSAHOU" LESSON

気くばり美人のきほん

ここまで、日常のしぐさからお食事の作法、SNSでの心得まで、さまざまなシチュエーションでのワンランク上のふるまいについてご紹介してきました。

いかがでしたでしょうか？　うまくふるまえそうでしょうか？

ぜひ、小さなところからで構いませんので、本書で学んだことを実践してみてください。

でも、私が本当に皆さんにお伝えしたいのは、細かいルールではありません。

一番お伝えしたいのは、マインドの部分。心をともなわずにあれこれやっても、意味がないのです。

本章では、真の気くばり美人になるための基本の心構えについて、10のポイントをお伝えします。

1. さりげないのに品がある気くばり美人は、無理せず花笑む

美しい女性は、さりげなく微笑んでいます。「口角をあげて、歯を8本見せましょう」といった

作り笑顔ではなく、微笑みなのです。

微笑みは、心の温かさが自然と顔の表情に出るもの。決して無理をして笑顔にしようとか、作り笑いではない、だから、さりげなく美しいのです。それはまさに、小さなつぼみがそっと花開いた瞬間のような新鮮さがともないます。まさに、花笑みですね。

10代、20代の頃は、思いっきり元気に、そして無理をしてでも笑顔でいることに注力をしてもいいでしょう。しかし、20代後半から、30代、40代、50代と大人になるにつれ、女性として洗練された人になるには、「無理はしない」こと。無理をして「イタイ女性」にはなりたくないでしょう？

無理をしなくても、美しく微笑んでいられるためには、若いときに苦しいこと、辛いこと、悔しいことなどを経験すること。そして、その経験を必ずプラスに生かしていこう、と自身の心に刻むことです。

もし、あなたが辛いこと、苦しい経験をしたのであれば、他人の気持ちがわかる、真に優しい思いやりのある女性になれます。自信を持ってくださいね。

2. さりげないのに品がある気くばり美人は、自然体

美しい女性は、自然体です。

「何かうまくいかないな」という状況のとき、人は「なんとかしなければ!」と思い、自分で考えたり、人に相談をしてその事態を力ずくで方向転換させようとします。そうすることで、それは一見、うまくいったかのように思えることもありますが、最終的にはどうでしょうか……。自然の流れに反して、力ずくで無理やり、自分から方向転換をさせても、行き着く場所は貴女が望んだ場所ではない可能性が高いのです。

「木を見て森を見ず」。女性は特に、この傾向にある人が多いように思います。私もそのひとりでしたから、偉そうなことは言えないのですが、しかし、だからこそ、今、私は貴女にお伝えしたいのです。真の幸せを手に入れるためには、今は多少、苦しくても、目先のことではなく、もっと広い目で、そして、最終目的、自分の目指す姿、なりたい自分のために、今は起きていることに身を任せることも、必要です。

人間関係で、相手から離れていかれる、フラれるとショックですよね。だからといって、フルほうがいいと思いますか。フラれることは辛く嫌な思いもしますが、フルよりもよいと思います。フ

ルということは、自分からその状況を変える矢を放つこと。フラれる人のほうが、自然の流れの中にいるので、最終的に幸せになれるのです。

3. さりげないのに品がある気くばり美人は、万物を慈しむ

美しい女性は、万物を慈しみます。だから人を恨んだり、妬んだりしません。

万物ですから、人以外のものや、動物や植物、鉱物など自然界すべてのもののことです。それらに対し、マイナスな感情を持ちません。

だから、万物を愛し、慈しむ心のある人は、いつも思いやりの心から微笑んでいます。そういう人の言動は、心から自然に出てくるものです。自然のものだから、添加物が入っていない。だから美しいのです。

もし、貴女の心に添加物が入っているならば、そっと目を閉じて心を落ち着かせて、深呼吸をしてみましょう。そして、自分がどういう状態であれば、幸せを感じるのかを確認してみてください。その思いを忘れずに、風の音、風の香り、空気に感謝しましょう。ほら、貴女の心が微笑み始めましたね。

さりげない人は、自然体です。自然の土と戯れてみましょう。土からいただくエネルギーは、貴女の心を癒してくれます。なぜならば、土は貴女を慈しんでいるからです。慈しんでもらえた人の心は満たされます。だから、自分以外の人に思いやりの気持ちを持てて、優しくなれるのです。さりげない人は、心に余裕があります。いや、余裕を持てるように日々、努力をしているのです。万物を慈しむ自分であれるように。

4. さりげないのに品がある気くばり美人は、悪口・批判は言わない

美しい女性は、悪口を言ったり、批判をしません。

少し想像していただけますか。悪口や批判をしている人の表情はどのような表情でしょうか。美しいお花のような花笑みで、悪口を言えるでしょうか。批判をしている人の顔は、優しい目で微笑んでいるでしょうか。

年齢を重ねるごとに、人の顔には、その人の生き様、心が表れてきます。悪口を言っていると悪顔に。批判をしていると批判顔になります。そういう女性が、相手を思いやり、さりげない気遣いや気くばりをするでしょうか。

もちろん、気遣ったり、配慮をすることはできるでしょう。しかしそれは、相手のためではなく、自分が評価をされたい、私はこんなによいことができるのよ、とこれ見よがしにおこなうことですから、美しく感じることができないのです。

自分では「やってます」「できています」と思っていても、評価は他人がするもの。悪口を言ったり、批判をしたりしても、そこからは、お互いが幸せになるプラスは何も生まれませんね。

さりげなく配慮のできる女性が美しい理由は、相手を思いやり慮ることにより、相手をハッピーにするからです。心が満たされていれば、悪口や批判はしないでしょう。

5. さりげないのに品がある気くばり美人は、「自分枠」を作らない

美しい女性は、自分枠を超えて、コミュニケーションをとります。

相手から何かご提案をいただいたり、貴重なアドバイスを頂戴したりしたときに、「そのとおりだと思いますが、それは難しいですよね」とか、「無理です」など、否定の言葉を使用する人は美しくありません。

同じことを言ったり、おこなったりしても、さりげない美しさを感じさせてくれる女性とそう

でない女性の差。それは、どれくらい実際にそれを経験したことがあるのかどうか、という点です。

誰でもコンフォートゾーン、すなわち自分枠があります。その枠をはみ出すことは、大変勇気のいることですよね。しかし、いつまでも自分枠にとらわれていたら、今の自分からは何も変わることはありません。それでも、皆さんは今の自分から少しでもプラスに変わりたいから、一生懸命動いているのですが、それは自分枠内で動いているだけなので、根本的に何も変わっていないのです。

私も以前は、「自分」というこだわりが強く、そんな自分のことも好きでしたから、結局は変わることができず、いつも苦しく悩んでばかりでした。しかし、その自分枠を超えたときから、楽に生きることができるようになり、心に余裕もできました。

6. さりげないのに品がある気くばり美人は、ネガティブ思考・マイナス思考をしない

美しい女性は、ネガティブ思考やマイナス思考ではありません。

常にポジティブでプラス思考だから、人からの忠告などを否定することなく、それが自分枠を超えていても、ワクワクしながら新たな世界へとチャレンジしていきます。そういう女性は、キラキラと輝いていますから、幸せを引き寄せます。

とはいえ、人生はいいことばかりが続くわけでもありませんね。ときに落ち込んだり、ネガティブになったり、マイナス思考になることもあるでしょう。大切なことは、そうなったときに、どうやってそれと決別し、明るい未来に向けて、意識を変えることができるかどうか。

そしてもうひとつ。そういうときに、真に貴女の幸せを思い、適切なアドバイスをしてくれる真の友人、知人がいるかどうかは重要です。貴女を慰め、貴女に同調してくれることも必要でしょう。しかし、真の友人、知人は、それだけではありません。嫌われる覚悟で、少々キツいことでも、貴女を思えばこその「言葉の花束」を贈ります。

そういう人に心から感謝できる自分かどうか。自らを省みず、相手のせいにばかりする人に幸福の女神は微笑んでくれません。落ち込むことがあれば、自分の至らなさを反省し、心を入れ替え、気持ちを切り替える。プラス思考だから美人なのです。

7. さりげないのに品がある気くばり美人は、上から目線にならない

美しい女性は、謙虚です。

謙虚と控えめは異なります。謙虚とは、自分を偉いと思わず、素直な心を持ち、他に学ぶ気持ち、心があることです。

たとえば、仕事も一年目は、先輩や上司などから学ぶ気持ちがありますが、二年目、三年目になってくると、「私はできる」と慢心から勘違いする人も少なくありません。これが十年、二十年となればなおのことでしょう。

よく耳にする言葉は、「私はもうここで学ぶことはない」。こういう気持ちがよぎっては、美しい人とはいえません。次のステップやステージに行きたい、環境を変えたいという気持ちはわかります。そう思えばこそ、謙虚さは必要です。どんな場所でも、どんな人からも、動物や植物たちからも、学ぶことはたくさんあります。それに自分が気づけるかどうかです。

さりげない思いやりを表現する人は、人からの評価を求めていません。さりげなく優しさを与える人は、細かいことにまで意識と目くばり、気くばり、心くばりができますから、些細なことも見逃さず、それをすべて学びとして自身の財産にしていきます。だから、上から目線でも

のを言ったり、そういう態度をしたりしない。ゆえに美しいのです。

8. さりげないのに品がある気くばり美人は、心をひらいている

美しい女性は、心の扉がひらいています。

心の扉をひらけるということは、内面と表面が一致している、すなわち、口先だけ、表面的ではない、心に偽りがない証です。一方で、見た目はニコニコ、歯の浮くような言葉を使用し、相手を持ち上げはするものの、本心はその真逆な人。貴女はそういう人と関わりたい、お付き合いをしたいと思いますか。

このように、心の扉をひらいていない人は、偽りの姿を他人に見せ、陰で人をあざ笑っています。また、このような人は、欠席裁判がお得意です。心の扉をひらいていない人は、伝えたいこと、言いたいことを本人に直接、正々堂々とマナーをもって伝えることをしません。そして、周囲を巻き込み、周囲の人たちにまで、マイナスを伝染させてしまいます。

相手の立場にたち、心の扉をひらいたマナーあるコミュニケーションをとれば、なんら問題にはなりません。むしろ、双方にとってプラスとなる結果を生み出すことができます。

自分とすべて同じ考え方の人はいないでしょう。だからこそ、相手の立場にたってみて、相手の気持ちを慮りながらも自分の気持ちも正直に伝える。こういうコミュニケーションをとれる人は、男女関係なく、人として美しいですね。

9. さりげないのに品がある気くばり美人は、戦闘モードにならない

美しい女性は、戦闘モードにはなりません。

さりげない美しいしぐさや会話に「戦い」や「闘い」は必要でしょうか。仮に、相手から戦闘を挑んできたとしても、美しい人は戦（闘）うことをしません。戦（闘）っても、そこにはプラスもなければ、マイナスしか生まれてこないことを知っているからです。

ときに悔しいこともあるでしょう。倍返しをしたいこともあるでしょう。でも、倍返しは、貴女が真のマナーの心をもっていれば、自然が自然と相手に倍返しをしてくださいます。だから、日頃から自然を慈しみ、自然と戯れ、自然体で生きることが大事なのです。そうすれば、自然は貴女の最強の味方になってくれます。

美しい女性は、賢く生きます。賢い女性は、感情的ではありません。いや、もしかすると誰

よりも感情的なのかもしれません。しかし、それを自分の中で、浄化させたり、調和させたりするコツを知り、技をもっています。

美しい女性は、周囲と調和します。だから戦（闘）うことをしないのです。どのような人とでも分け隔てなく美しいハーモニーを奏でる女性。美しいと思いませんか。

10. さりげないのに品がある気くばり美人は、感謝の心を忘れない

美しい女性は、常に感謝の心を忘れません。

貴女は一日に何回「ありがとう」という言葉を発していますか。朝、目覚めたら「ありがとう」。家族（ペット）、友人、同僚、仕事があれば「ありがとう」。お店で釣銭をもらうとき、ドリンクを出してもらったときも「ありがとう」。

木々に、お花に、雑草に「ありがとう」。空気に、空に、太陽に、お月さまに「ありがとう」。

家を散らかす子どもに「散らかしてくれて、ありがとう」。嫌味を言う人に「ご忠告、ありがとうございます」。注意をされたら「ご指摘ありがとうございます」。

自分に起きること、貴女に起きることに対して「ありがとう」と感謝する心、気持ちを持ちましょうと、無理には言いません。でも、常に意識してみてください。意識をしたら、それを実際に言動として形で表現。伝える、心と形を一体化させる。それが真のマナー。

Ｆａｃｅｂｏｏｋで面識のないお友達からのコメントに、私は毎日「ありがとうございます」という言葉を書きます。それを始めたら、自然とよいことが起きるようになりました。

すべてに「ありがとう」は、清々しく穏やかな普遍の幸せを引き寄せます。

おわりに

「幸せになりたい」――そう思うなら、具体的にどうなりたいのかを書き出してみてください。
そして、その夢が現実となり幸せに微笑んでいる自分を想像してみましょう。

その目的地に辿りつくまでには、他の人が想像もしない貴女だけのオリジナルな道を考え実行するからこそ、輝く幸せの未来が現実となります。
それは貴女を応援してくれた人がいたからこそ成し得たこと。幸福な人生は誰と出会い、誰と付き合い、誰がそばにいてくれるか、というマナーある人間関係で99%決まります。

本書も、人と組織を育てる専門家・沖本るり子先生、かんき出版の鎌田菜央美さんとの出会いから誕生し、貴女とこうして出会うことができました。幸せです。ありがとうございます。

また、執筆を応援してくださったお目にかかったことのない5000人近いFacebookお友達の皆さま、そして、今回の執筆中もさりげなく心をくばり見守ってくれた夫。天国の愛娘犬ファブ。執筆中、ずっと私の足元に寄り添い守ってくれた愛息犬クー。パピーの次女犬ロイに心から深く感謝をします。ありがとう。

最後に、本書と出会い、本書をそばにおいてくださった貴女が、今以上に幸せを感じる日々となりますように。貴女が優しさと愛ある幸福な道を歩まれますよう心より願っております。

西出ひろ子

2020年2月

※「TPPO」「先手必笑」「真心マナー」「マナーコミュニケーション」
「マナコミ」「マナーリトミック」は、西出博子の登録商標です。

協力　LA BRIQUE（ラブリック）中村雅人・中村越子
似鳥陽子・吉村まどか・新田純子・池田千朱世

【著者紹介】
西出　ひろ子（にしで・ひろこ）
◉――マナーコンサルタント・美道家。ヒロコマナーグループ代表。ウイズ株式会社代表取締役会長。HIROKO ROSE株式会社代表取締役社長。一般社団法人マナー教育推進協会代表理事。
◉――大妻女子大学卒業後、参議院議員等の秘書職を経てマナー講師として独立。1998年、英国オックスフォードに渡り、オックスフォード大学大学院遺伝子学研究者（当時）と現地にて起業。帰国後、名だたる企業300社以上のコンサルティング、延べ10万人以上の人材育成をおこない、その実績は『スーパーJチャンネル』（テレビ朝日）や『ソロモン流』（テレビ東京）などのドキュメンタリー番組をはじめ、新聞、雑誌などにてマナー界のカリスマとして多数紹介された。また、政治家、弁護士、企業のエグゼクティブたちの装いから身のこなし、話し方などのトータルコンサルティングも請け負う。NHK大河ドラマ『いだてん』『龍馬伝』、映画『るろうに剣心 伝説の最期編』といった作品のマナー監修も多く、超一流俳優や女優、タレントへのマナー指導も多数。NTT西日本のCMでは、イチロー選手らにもマナー指導をおこなった。
◉――著書・監修書に28万部の『お仕事のマナーとコツ』（学研プラス）、『実は恥ずかしい思い込みマナー』（PHP研究所）、『あなたを変える美しい振る舞い』（ワニブックス）など、国内外で90冊以上。著者累計100万部を超える。

ヒロコマナーグループ公式サイト　http://www.hirokomanner-group.com

さりげないのに品《ひん》がある気《き》くばり美人《びじん》のきほん

2020年２月３日　　第１刷発行

著　者――西出　ひろ子
発行者――齊藤　龍男
発行所――株式会社かんき出版
東京都千代田区麴町4-1-4 西脇ビル　〒102-0083
電話　営業部：03(3262)8011㈹　編集部：03(3262)8012㈹
FAX　03(3234)4421　振替　00100-2-62304
http://www.kanki-pub.co.jp/

印刷所――大日本印刷株式会社

 ISBN978-4-7612-7471-9 C0077